A. W. Tozer

Das Wesen Gottes

Eigenschaften Gottes und ihre Bedeutung für das Glaubensleben

Hänssler-Verlag
Neuhausen-Stuttgart

CIP-Kurztitelaufnahme der Deutschen Bibliothek

Tozer, Aiden W.:
Das Wesen Gottes: Eigenschaften Gottes u. ihre
Bedeutung für d. Glaubensleben / A. W. Tozer.
[Übers. aus d. Amerikan. von LITERA/Sperling-Botteron]. –
Neuhausen-Stuttgart: Hänssler, 1985.
(TELOS-Bücher; 1258: TELOS-Paperback)
Einheitssacht.: The knowledge of the holy ‹dt.›
ISBN 3-7751-1018-6
NE: GT

TELOS-Bücher
TELOS-Paperback 1258

Published by Harper & Row Publishers, Incorporated,
10 East 53rd Street, New York, N. Y. 10022
Originaltitel: The Knowledge of the Holy
Übersetzt aus dem Amerikanischen von LITERA/Sperling-Botteron

Umschlaggestaltung: Daniel Dolmetsch
Gesamtherstellung: Ebner Ulm

Inhalt

VORWORT

Wahre Religion stellt Erde und Himmel einander gegenüber und macht die Einwirkung der Ewigkeit auf die Zeit erkennbar. Ein Botschafter Christi, der als Beauftragter Gottes spricht, muß auch den Zustand seiner Hörer ansprechen, so sagen die Quäker. Tut er das nicht, so redet er eine Sprache, die nur ihm selbst verständlich ist. Seine Botschaft muß also nicht nur zeitlos, sondern auch zeitgemäß sein. Er muß zu seiner eigenen Generation sprechen.

Die Botschaft dieses Buches ist nicht neu, aber sie ist gerade heute wichtig, denn die Gemeinde Jesu ist seit Jahren in einem Zustand, der sich zusehends verschlimmert. Die Gemeinde hat den Sinn für Gottes Majestät verloren und hat ihre einstige Gottesvorstellung durch eine andere ersetzt, die niedrig und Gott unangemessen ist. Diese für einen glaubenden und denkenden Menschen völlig unwürdige Tat geschah jedoch nicht bewußt oder absichtlich, sondern nach und nach. Doch gerade dieses Unbewußte macht alles noch schlimmer.

Die niedrige Gottesvorstellung, die heute unter den Christen beinahe überall zu finden ist, ist auch die Grundlage für zahlreiche kleinere und weit verbreitete Übel. Dieser eine Irrtum in unserem religiösen Denken führt zu einer vollständig neuen Konzeption unseres christlichen Lebens.

Mit dem Verlust des Majestätsbegriffs verlieren wir auch das Bewußtsein für Gottes Gegenwart und die Ehrfurcht vor ihm. Wir haben den Geist der Anbetung und die Fähigkeit, uns innerlich zu sammeln und Gott in anbetungsvollem Schweigen zu begegnen, verloren. Das moderne Christentum bringt einfach keine Christen mehr hervor, die das Leben im Geist richtig zu schätzen wissen oder persönlich erfahren. Das Wort: »Seid stille und erkennet, daß ich Gott bin« (Ps 46,11) bedeutet dem betriebsamen Gläubigen von heute nicht mehr viel.

Dieser Verlust der Vorstellung von Gottes Majestät ist ausgerechnet zu einem Zeitpunkt eingetreten, an dem religiöse Mächte aufsehenerregende Erfolge erzielten und die Kirchen ganz neu aufblühten. Das Erschreckende dabei ist, daß unsere Erfolge größtenteils äußerer Art und unsere Verluste ausschließlich innerlich sind. Aber gerade weil die *Qualität* unseres Glaubens vom inneren Zustand abhängig ist, könnten sich unsere vermeintlichen Erfolge in Wahrheit als tiefgehende Verluste erweisen.

Das, was uns geistlich verlorengegangen ist, können wir nur dadurch wieder erlangen, daß wir die Ursachen aufdecken und nötige Korrekturen vornehmen. Unsere Schwierigkeiten haben damit begonnen, daß wir die Erkenntnis des heiligen Gottes verloren haben, und wir werden diese Schwierigkeiten auch nur durch eine Wiederentdeckung der Majestät Gottes loswerden. Solange unsere Vorstellungen von Gott falsch oder unangemessen sind, ist es unmöglich, unser Verhalten und unsere innere Einstellung gesund zu erhalten. Wenn unser Leben wieder geistliche Kraft bekommen soll, müssen wir damit beginnen, so über Gott zu denken, wie er in Wirklichkeit ist.

Diese Studie über die Eigenschaften Gottes soll mein bescheidener Beitrag zu einem besseren Verständnis der allerhöchsten Majestät sein. Würden die Gläubigen auch heute noch die Werke eines Augustinus oder Anselm von Canterbury lesen, so wäre ein Buch wie dieses nicht nötig. Doch diese von Gott erleuchteten, geistlichen Meister sind dem modernen Christen nur noch dem Namen nach bekannt. Wie es sich gehört, erscheinen ihre Bücher immer wieder in neuen Auflagen und finden dann auch auf den Bücherregalen unserer Studierzimmer ihren Platz. Doch leider bleiben sie dort, denn in der gegenwärtig herrschenden Stimmung ist es sogar für gebildete Christen praktisch unmöglich, sie zu lesen.

Offensichtlich machen sich nur sehr wenige die Mühe, Hunderte von Seiten anspruchsvoller geistlicher Literatur konzentriert durchzuarbeiten, denn solche Bücher erinnern manchen an die Klassiker, die er in der Schule lesen mußte, und so wendet er sich entmutigt ab.

Aus diesen Gründen halte ich dieses Buch für sehr nützlich, denn es ist weder auf Eingeweihte noch auf Experten zugeschnitten und in der Sprache der einfachen Andacht gehalten, was zusätzlich zum Lesen ermuntern soll. Obwohl ich glaube, daß der

Inhalt dieses Buches in jedem Punkt einer gesunden christlichen Theologie entspricht, ist es nicht für theologische Fachleute geschrieben, sondern für alle, die Gott mit dem schlichten Verlangen ihres Herzens suchen.

Ich hoffe, daß dieses Buch den persönlichen Glauben eines jeden Lesers vertieft, und sollten einige durch das Lesen ermutigt werden, damit anzufangen, ehrfürchtig über das Wesen Gottes nachzusinnen, dann hat sich alle Mühe, die dieses Buch gemacht hat, vollauf gelohnt.

A. W. Tozer

KAPITEL 1

Es ist wichtig, sich Gott richtig vorzustellen!

O Herr, allmächtiger Gott – nicht der Gott der Philosophen und der Weisen, sondern der Gott der Propheten und Apostel und vor allem der Gott und Vater unseres Herrn Jesu Christi – darf ich es ungescholten wagen, von Dir zu reden?
Die, welche Dich nicht kennen, sehen Dich als einen Gott, der Du in Wirklichkeit gar nicht bist. Und so beten sie nicht Dich an, sondern ein Gebilde ihrer eigenen Phantasie. Erleuchte deshalb unsere Sinne und laß uns Dich so erkennen, wie Du bist, auf daß wir Dich uneingeschränkt lieben und Dich recht preisen können. Im Namen unseres Herrn Jesu Christi. Amen.

Eines Tages wird es wohl offenbar werden, daß ein Volk immer auf dem Niveau geblieben ist, auf dem auch seine Religion war, und die menschliche Geistesgeschichte wird gewiß zeigen, daß keine Religion je größer gewesen ist, als auch ihre Gottesvorstellung es war. Die Gottesverehrung steht auf hohem oder auf niedrigem Niveau, je nachdem ob der Gläubige hohe oder niedrige Vorstellungen von Gott hat.

Deshalb ist die Gottesvorstellung selbst immer die entscheidendste Frage für eine Gemeinde, und ebenso ist bei einem Menschen nicht das, was er in einem bestimmten Moment sagt oder tut, das Bedeutsamste, sondern seine Auffassung von Gott. Aufgrund eines verborgenen Gesetzes der Seele neigen wir dazu, unserem geistigen Gottesbild nachzustreben. Das trifft nicht nur auf den einzelnen Gläubigen zu, sondern auch auf die Gemeinschaft der Gläubigen, die Gemeinde. Das Aufschlußreichste an einer Gemeinde ist stets ihre Vorstellung von Gott, und ihre Botschaft ist gekennzeichnet von dem, was sie über Gott sagt oder verschweigt – und manchmal ist das Schweigen beredter als alles Reden. Nie kann eine Gemeinde verhindern, daß ihr Gottesbild enthüllt wird.

Wäre es möglich, von irgendeinem Menschen eine umfassende

Antwort auf die Frage zu bekommen, was ihm beim Gedanken an Gott durch den Kopf geht, so könnten wir mit Sicherheit die geistliche Zukunft dieses Menschen voraussagen. Wäre uns bekannt, was die einflußreichen und maßgebenden Persönlichkeiten des religiösen Lebens heute von Gott denken, so könnten wir mit einiger Genauigkeit voraussehen, wo die Gemeinde morgen stehen wird.

Ohne Zweifel ist der größte Gedanke, dessen der menschliche Geist fähig ist, der Gottesgedanke, und das bedeutendste Wort jeder Sprache ist ihr Ausdruck für Gott. Denken und sprechen sind Gaben, die Gott den nach seinem Bilde gestalteten Geschöpfen gibt. Beide sind eng und unauflöslich mit ihm verbunden. Es ist höchst bedeutsam, daß das erste Wort *das Wort* war: »Das Wort war bei Gott, und Gott war das Wort« (Joh 1,1). Wir können reden, weil Gott redet. In ihm sind Wort und Gedanke nicht voneinander zu trennen.

Es ist für uns von größter Wichtigkeit, daß unsere Gottesvorstellung so nahe wie möglich an das wahre Wesen Gottes heranreicht. Verglichen mit dem, was wir wirklich über Gott denken, sind Bekenntnisse unseres Glaubens von geringerer Bedeutung. Unsere eigentliche Gottesvorstellung kann unter dem Schutt landläufiger religiöser Auffassungen vergraben liegen, und es bedarf einer wohlüberlegten und entschlossenen Suche, damit sie schließlich ausgegraben und erkennbar gemacht werden kann. Nur durch eine schmerzhafte Selbstprüfung ergibt sich für uns die Möglichkeit, herauszufinden, was wir im tiefsten Grunde über Gott denken.

Eine richtige Gottesvorstellung ist nicht nur die Grundlage für die systematische Theologie, sondern auch für das praktische Glaubensleben. Sie ist das Fundament des Gottesdienstes. Ist es zu klein oder falsch gebaut, so muß das ganze Gebäude früher oder später zusammenstürzen. Ich glaube kaum, daß es irgendwelche Irrtümer in der Lehre oder Versagen im praktischen Christenleben gibt, die nicht letzten Endes alle auf unvollkommene und niedrige Gottesvorstellungen zurückgeführt werden können.

Meiner Meinung nach ist die Auffassung der heutigen Christen von Gott so dekadent, daß sie in keiner Weise der Würde Gottes, des Allerhöchsten, entspricht. Daß dies auch bei ernsthaften Gläubigen so ist, ist beinahe so etwas wie eine moralische Katastrophe.

Würde man uns auf einen Schlag mit allen Problemen des Himmels und der Erde konfrontieren, so wären diese unerheblich, verglichen mit der alles überragenden Frage nach Gott: seiner Existenz, seinem Wesen und den Aufgaben, die wir als sittliche Wesen ihm gegenüber haben.

Wer zum richtigen Gottesglauben gelangt, wird eine Menge irdischer Probleme los, denn er erkennt sofort, daß diese durch Dinge entstehen, die ihn höchstens noch für eine kurze Zeit beschäftigen. Doch auch wenn die zahlreichen irdischen Probleme von ihm genommen wären, so würde an deren Stelle die mächtige Bürde der Ewigkeit auf ihm zu lasten beginnen, und zwar viel schwerer als alle Nöte der Welt vereint. Diese mächtige Bürde ist eineVerpflichtung Gott gegenüber. Sie beinhaltet die lebenslängliche Pflicht, Gott mit allen Kräften des Geistes und der Seele zu lieben, ihm völlig gehorsam zu sein und ihn anzubeten, wie es ihm gebührt. Wenn das unruhige Gewissen dem Menschen sagt, daß er nichts von alledem getan hat, sondern sich seit seiner Kindheit der schändlichen Auflehnung gegen die Majestät des Himmels schuldig gemacht hat, so kann die innere Selbstanklage unerträglich werden.

Das Evangelium vermag die Seele von dieser zerstörerischen Last zu befreien und den bedrückten Geist gegen Lobpreis auszutauschen. Solange jedoch der Mensch die Schwere dieser Last nicht verspürt, bedeutet ihm auch das Evangelium nichts. Und bevor er nicht die Erhabenheit und Größe Gottes erkannt hat, wird es für ihn keine innere Not geben. Für den, der eine niedrige Auffassung von Gott hat, ist das Evangelium wirkungslos.

Kaum eine Sünde, zu der das menschliche Herz fähig ist, ist Gott mehr ein Greuel als der Götzendienst; denn er ist eine Beleidigung Gottes. Das götzendienerische Herz setzt voraus, daß Gott anders ist, als er ist – schon dies ist eine ungeheure Sünde –, und ersetzt den wahren Gott durch einen, der der eigenen Vorstellung entspricht. Dieser Gott ist stets ein Abbild seines Schöpfers und wird gemein oder rein, grausam oder gütig sein – je nach der moralischen Verfassung des Geistes, dem er entsprungen ist.

Ein Gott, der in einem finsteren Herzen eines gefallenen Menschen geboren wurde, wird niemals echte Ähnlichkeit mit dem wahren Gott aufweisen. »Da meinst du«, sagt der Herr im Psalm zum Gottlosen, »ich sei so wie du« (Ps 50,21).

Dies ist zweifellos eine ernstzunehmende Beleidigung des Allerhöchsten, dem die Cherubime und Seraphime unaufhörlich zurufen: »Heilig, heilig, heilig ist der Herr Zebaoth!«

Geben wir acht, daß wir in unserem Stolz nicht der irrigen Meinung verfallen, nur das sei Götzendienst, wenn man vor Gegenständen niederkniet und sie anbetet und darum gäbe es ihn bei zivilisierten Völkern nicht! Das Wesen des Götzendienstes besteht im Festhalten an Gottesvorstellungen, die Gottes unwürdig sind. Er nimmt seinen Anfang im menschlichen Geist und kann auch dort vorhanden sein, wo er sich nicht in äußeren religiösen Handlungen zeigt. »Obwohl sie von Gott wußten«, schreibt Paulus, »haben sie ihn nicht als Gott gepriesen noch ihm gedankt, sondern sind dem Nichtigen verfallen in ihren Gedanken, und ihr unverständiges Herz ist verfinstert« (Röm 1,21).

Dann folgte die Anbetung von Götzen in der Gestalt von Menschen, Vögeln, vierfüßigen und kriechenden Tieren. Diese ganze Reihe entwürdigender Taten hat ihren Ursprung im Geist des Menschen. Verkehrte Gottesvorstellungen sind nicht nur die Quelle, aus der das verseuchte Wasser des Götzendienstes fließt, sondern sie sind selbst Götzendienst. Der Götzendiener macht sich seine eigenen Vorstellungen von Gott und handelt, als seien sie wahr.

Wo in einer Religion verdrehte Ansichten über Gott auftreten, führen sie bald zu deren Niedergang. Die lange Geschichte Israels zeigt dies deutlich genug, und auch die Geschichte der Gemeinde Jesu beweist es. Eine erhabene Gottesvorstellung ist für die Gemeinde unbedingt notwendig; sinkt dieses Gottesbild auch nur ein wenig ab, so hat dies unweigerlich negative Auswirkungen auf den Gottesdienst und die sittlichen Maßstäbe der Gemeinde. Der erste Schritt einer Gemeinde auf dem Weg nach unten ist immer dann getan, wenn sie ihre hohe Gottesvorstellung aufgibt.

Dem Niedergang einer christlichen Gemeinde geht in der Regel eine Aufweichung der theologischen Grundlagen voraus. Auf die Frage: »Wie ist Gott?« gibt sie eine falsche Antwort, und hieraus folgen alle weiteren Schritte. Auch wenn sie noch an ihrem theoretischen Glaubensbekenntnis festhält, so wird dies doch nicht mehr in die Praxis umgesetzt. Die Anhänger dieser Gemeinden machen sich so ein Bild von Gott, das nichts mehr mit der Wirklichkeit zu tun hat, und das bedeutet Irrlehre der heimtückischsten und tödlichsten Art.

Die schwerwiegendste Aufgabe, die der Gemeinde heute gestellt wird, ist, ihre Gottesvorstellung so zu reinigen und aufzuwerten, daß sie Gottes wieder würdig ist. Das sollte in allem Beten und Wirken an erster Stelle stehen. Den größten Dienst erweisen wir der nachkommenden Generation von Gläubigen, indem wir immer die erhabene Gottesvorstellung, die wir von unseren jüdischen und christlichen Vorfahren bezeugt bekommen haben, unverändert weitergeben. Das wird sich für sie als von größerem Wert erweisen als das, was Kunst oder Wissenschaft zu ersinnen vermögen.

Du Gott Bethels, von dessen Hand
Dein Volk noch ernährt wird;
Der Du während dieser ermüdenden Pilgerfahrt
Alle unsere Väter geführt hast!

Unsere Gelübde, unsere Gebete bringen wir nun
Vor Deinen Gnadenthron.
Gott unserer Väter! sei der Gott
Ihres nachfolgenden Geschlechtes.

PHILIP DODDRIDGE

KAPITEL 2

Gott ist unbegreiflich

Herr, in was für einem Zwiespalt leben wir! In Deiner Gegenwart sollten wir schweigen, doch die Liebe macht uns brennend und drängt uns zu reden.
Müßten wir schweigen, so würden die Steine schreien. Doch wenn wir reden, was sollen wir dann sagen? Gib uns die Erkenntnis, daß wir von uns aus nichts erkennen können, denn kein Mensch ist fähig, das Göttliche zu erkennen, nur der Geist Gottes selbst kann dies tun. Wo der Verstand versagt, komm uns mit dem Glauben zu Hilfe, und wir werden begreifen, weil wir glauben, und nicht, um dann erst glauben zu können. In Jesu Namen. Amen.

Das Kind, der Philosoph und der gläubige Mensch haben alle die eine Frage: »Wie ist Gott?«

Dieses Buch ist ein Versuch, auf diese Frage Antwort zu geben, doch geht dies nur unter einer Bedingung. Man muß davon ausgehen, daß Gott nicht mit irgend etwas vergleichbar ist, das heißt, er ist nicht *genau* wie irgend etwas oder irgend jemand.

Wir lernen, indem wir das, was wir bereits wissen, auf Unbekanntes zu übertragen versuchen. Für den menschlichen Geist ist es unmöglich, vom Vorwissen losgelöst etwas ganz Anvertrautes zu ergründen. Nicht einmal der kühnste und wagemutigste Geist vermag durch bloße Phantasie etwas aus dem Nichts zu erschaffen. Auch die Gestalten der Mythologie und des Aberglaubens sind nicht nur der Phantasie entsprungen. Gewöhnliche Bewohner der Erde, der Luft und des Meeres wurden dadurch, daß man ihnen übernatürliche Eigenschaften zuschrieb, oder einfach die Gestalt von zwei oder mehreren verschmolz, völlig neue Wesen. Wie schön oder grotesk diese auch sein mögen, so kann man sie doch immer identifizieren, denn sie zeigen eindeutig Ähnlichkeit mit etwas schon Bekanntem. In der Heiligen Schrift, in der vom Geist inspirierte Menschen versuchen, das Unbegreifliche und

Unaussprechliche darzustellen, sehen wir, welch ungeheuer hohe Anforderungen an Verstand und Sprache dieser Menschen gestellt werden. Da diese oft Offenbarungen einer übernatürlichen Welt erhielten, jedoch die Menschen, für die sie diese niederschrieben, *Teil* der Natur sind, waren die Verfasser gezwungen, zahlreiche »Wie«-Worte zu gebrauchen, um sich dadurch verständlich zu machen.

Wenn der Heilige Geist uns mit etwas bekannt machen will, das jenseits unseres Wissens liegt, so sagt er uns, daß *diese* Sache *wie* eine andere ist, die wir bereits kennen. Doch es ist wichtig, darauf zu achten, daß diese Beschreibungen wirklich Vergleiche sind und die Wirklichkeit nicht absolut treffen. Als zum Beispiel der Prophet Hesekiel den Himmel offen sah und Gott schaute, fehlten ihm die Worte, dies zu beschreiben. Was er da sah, war völlig anders als alles, was er bisher kannte, und so gebrauchte er Vergleiche, um es zu beschreiben. »Zwischen den Gestalten sah es aus, wie wenn feurige Kohlen brennen« (Hes 1,13).

Je mehr er sich dem feurigen Thron näherte, desto unpräziser wurden seine Worte: »Und über der Feste, die über ihrem Haupt war, sah es aus wie ein Saphir, einem Thron gleich, und auf dem Thron saß einer, der aussah wie ein Mensch. Und ich sah, und es war wie blinkendes Kupfer . . . erblickte ich etwas wie Feuer und Glanz ringsumher . . . So war die Herrlichkeit des Herrn anzusehen« (Hes 1,26–28).

So seltsam diese Sprache auch ist, so erweckt sie doch nie den Eindruck von Unwirklichkeit. Man schließt daraus, daß die ganze Szene sehr real, aber dem, was die Menschen auf Erden kennen, völlig fremd ist. Um also das, was er sieht, vermitteln zu können, muß der Prophet solche Begriffe wie »Ähnlichkeit«, »es schien wie . . . zu sein«, »es war wie« und so weiter verwenden. Sogar der Thron wird »einem Thron gleich« beschrieben, und der auf ihm sitzt, ist trotz seiner Ähnlichkeit mit einem Menschen dennoch diesem so unähnlich, daß der Schreiber die Worte »einer, der aussah wie ein Mensch«, wählt.

Wenn in der Heiligen Schrift steht, daß der Mensch nach dem Bilde Gottes erschaffen wurde, so wagen wir es nicht, diese Aussage einfach zu erweitern und zu sagen, er habe uns als *genaues* Abbild geschaffen. Denn das hieße, den Menschen zu einer Kopie Gottes zu machen, die Einzigartigkeit Gottes zu verlieren und damit schließlich auch Gott ganz zu leugnen. Die unendlich hohe Mauer zwischen dem, »Was-Gott-Ist«, und dem, »Was-Gott-nicht-Ist«, wäre damit eingerissen. Geschöpf und Schöpfer als im Wesentlichen gleich zu sehen, bedeutet, Gott seiner göttlichen Eigenschaften zu berauben und ihn auf den Status eines Geschöpfes herabzuziehen. Damit würde man seine Unendlichkeit unmöglich machen, denn es kann nicht zwei unbegrenzte Wesen im Universum geben. Er wäre seiner Souveränität beraubt, denn zwei absolut freie Wesen können nicht nebeneinander leben; früher oder später müssen ihre vollkommen freien Willen aufeinandertreffen. Schon diese beiden Beispiele zeigen, daß es nur ein Wesen mit göttlichen Eigenschaften geben kann.

Wenn wir uns vorzustellen versuchen, wie Gott ist, sind wir von unserem Verstand her gezwungen, uns zuerst mit dem zu beschäftigen, »Was-Gott-nicht-Ist«. Also entsprechen die Vorstellungen, die wir uns von Gott machen, nicht dem, wie er wirklich ist. Wir haben sie von seiner Schöpfung abgeleitet, aber was Gott erschaffen hat, ist nicht wie er selbst. Wenn wir uns Gott unbedingt vorstellen wollen, konstruieren wir letzten Endes einen zwar nicht mit Händen, dafür aber mit Gedanken gemachten Götzen. Und ein gedanklicher Götze ist Gott ebenso ein Greuel wie ein von Hand gemachter.

»Der Intellekt weiß, daß er eigentlich nichts von dir weiß«, sagte Nikolaus von Kues, »denn er weiß genau, daß man dich nicht kennen kann, es sei denn, das Unfaßbare wäre zu fassen, das Unsichtbare zu sehen und das Unerreichbare zu erreichen.«[1]

»Wenn jemand einen Plan entwirft, der es möglich machen soll, dich zu begreifen«, sagt von Kues weiter, »weiß ich sofort, daß dieser Plan nicht von dir ist; denn nur im Paradies war es möglich, dich zu erkennen ... Wenn also jemand davon redet, dich verstehen zu wollen, so ist dieser Mensch noch weit von dir entfernt ..., denn du bist größer als alle Pläne, die ein Mensch ersinnen kann.«[2]

Wir Menschen neigen dazu, uns Gott so vorzustellen, daß er für uns noch manipulierbar bleibt. Wir wollen ihn irgendwo festsetzen, so daß wir uns seiner jederzeit bedienen können oder, wenn wir ihn brauchen, wenigstens wissen, wo er ist. Am liebsten hätten wir einen Gott, den wir in gewisser Weise kontrollieren können, denn wissen, wie Gott ist, gibt uns Sicherheit. Zu diesen Vorstellungen haben wir zusätzlich all die Darstellungen Gottes vor Augen, die wir von Bildern, aus Erzählungen und von unseren eigenen Ideen her kennen.

Diese Aufdeckung seines Gottesbildes wird den modernen Christen erstaunen, denn Gott wird seit mehr als 50 Jahren einfach als selbstverständlich hingenommen, und man denkt nicht weiter über ihn nach. Die Herrlichkeit Gottes ist dieser Generation nicht offenbart worden. Der Gott des zeitgenössischen Christentums ist nicht einmal mehr den Göttern Griechenlands und Roms überlegen, denn er ist schwach und hilflos, wogegen jene wenigstens einen Einfluß auf die Menschen hatten.

Wenn Gott nicht so ist, wie wir ihn uns vorstellen, wie ist es dann überhaupt möglich, über ihn nachzudenken? Wenn er tatsächlich unbegreiflich und unnahbar ist, wie Paulus sagt, wie können wir Gläubigen dann unser Verlangen nach ihm stillen? Die aufmunternden Worte: »So vertrage dich nun mit Gott und mache Frieden« (Hi 22,21) haben ihre Gültigkeit durch die Jahrhunderte beibehalten. Doch wie wollen wir uns mit jemandem befreunden, der sich trotz aller Bemühungen des Geistes und des Herzens nicht erfassen läßt? Kann man uns dafür verantwortlich machen, daß wir nicht erkennen, was man nicht erkennen kann? »Meinst du, daß du weißt, was Gott weiß, oder kannst du alles so vollkommen treffen wie der Allmächtige? Die Weisheit ist höher als der Himmel: was willst du tun?, tiefer als die Hölle: was kannst du wissen?« (Hi 11,7–8). Jesus selbst sagt: »Niemand kennt den Vater als nur der Sohn und wem es der Sohn offenbaren will« (Mt 11,27). Das Johannesevangelium zeigt, mit welcher Hilflosigkeit der menschliche Geist vor dem großen Geheimnis »Gott« steht, und Paulus lehrt im ersten Korintherbrief, daß man Gott nur erkennen kann, wenn sich der Heilige Geist im Herzen des suchenden Menschen offenbart.

Unser Bestreben, den Unerforschlichen zu ergründen, den Unbegreiflichen zu erkennen und den Unnahbaren zu berühren, hat seinen Ursprung darin, daß wir als Abbild Gottes erschaffen wurden. Obwohl die Seele von der großen Katastrophe, die die Theologen den Sündenfall nennen, befleckt und umfangen ist, fühlt sie ihren Ursprung und sehnt sich nach ihm zurück. Wie kann dieses Sehnen gestillt werden?

Die Bibel antwortet darauf einfach: »Durch Jesus Christus, unsern Herrn.« In und durch Christus zeigt sich Gott, wie er ist. Er gibt sich nicht dem Verstand, sondern dem Glauben und der Liebe zu erkennen. Im Glauben erkennen wir ihn, und durch die Liebe können wir ihn erleben. Gott ist als Mensch zu uns gekommen, in Jesu Tod hat er sich mit uns versöhnt, und durch den Glauben und die Liebe nehmen wir dies an und können ihn erfassen.

»Wahrlich, Gott ist von unendlicher Größe«, sagt Richard Rolle, ein bekannter Liederdichter, »er ist größer, als wir uns vorstellen können und seiner Schöpfung unbegreiflich. Wir werden sein eigentliches Wesen nie erfassen können. Und doch ist die Seele, wenn sie von einem brennenden Verlangen nach Gott erfüllt ist, hier und jetzt imstande, das Licht zu empfangen und – durch die Gaben des Heiligen Geistes inspiriert und erfüllt – die himmlischen Freuden zu schmecken. Sie überwindet das Irdische und wird zur Süße des ewigen Lebens emporgehoben . . . Hierin liegt wahrlich die vollkommene Liebe, wenn alles Streben des Geistes, alles verborgene Bemühen des Herzens hineingehoben wird in die Liebe Gottes.«[3]

Daß die Seele Gott durch persönliche Erfahrung erkennen kann, er dem neugierigen Verstand jedoch unendlich fern bleibt, diese Erkenntnis ist in den Worten zusammengefaßt:

> Finsternis für den Verstand,
> Aber Sonnenschein für das Herz.

FREDERICK W. FABER

Der Autor, der das kleine Büchlein »*The Cloud of Unknowing*« (»Die Wolke des Unbekannten«) geschrieben hat, beschäftigt sich in dem ganzen Buch mit dieser These. Während der Suchende Gott naht, so schreibt er, entdeckt er, daß Gott in der Verborgenheit wohnt, verhüllt von einer Wolke des Unbekannten. Dennoch sollte dieser Mensch nicht entmutigt sein, sondern seinen Willen völlig auf Gott ausrichten. Diese Wolke steht zwischen dem Suchenden und Gott, so daß er Gott weder durch Erleuchtung des Verstandes, noch durch die Regungen der Seele fühlend begreifen kann. Doch die Gnade Gottes macht es möglich, daß der Mensch durch den Glauben in seine Gegenwart treten darf, vorausgesetzt, der Suchende glaubt dem Wort Gottes und ist beharrlich in seinem Streben.[4]

Ein spanischer Heiliger, Miguel de Molinos, lehrte das gleiche. In seinem »*Geistlichen Führer*« liest man, daß Gott die Seele bei der Hand nehmen und sie den Weg reinen Glaubens führen will, »und indem er den Verstand dazu bringt, alle Überlegungen und Erwägungen hinter sich zu lassen, zieht er die Seele vorwärts ... So kann sie durch eine schlichte und verborgene Glaubenserkenntnis, getragen von der Liebe, ihrem Bräutigam entgegengehen.«[5]

Als Strafe für die Verbreitung solcher Lehren wurde de Molinos von der Inquisition als Ketzer bezeichnet und zu lebenslänglicher Haft verurteilt. Bald darauf starb er im Gefängnis; doch die Erkenntnis, die ihm geschenkt wurde, wird ewig bleiben. Über die gläubige Seele schreibt er: »Sie sollte wissen, daß die ganze Welt und die ausgefeiltesten Pläne der weisesten Intellektuellen ihr nichts zu sagen haben, weil die Güte und Schönheit ihres Geliebten unendlich höher ist als alles menschliche Wissen; sie sollte davon überzeugt sein, daß alle Geschöpfe zu unwissend sind, um sie zu unterweisen und zur wahren Erkenntnis Gottes zu führen ... Sie soll also ihrer Liebe folgen und all ihr Verstehenwollen hinter sich lassen. Sie möge Gott so lieben, wie er wirklich ist, und nicht so, wie sie sich ihn vorstellt.«[6]

»Wie ist Gott?« Wenn wir damit nach Gottes *innerster* Natur, seinem Wesen fragen, so finden wir keine Antwort. Wollen wir jedoch wissen, was Gott über sich selbst geoffenbart hat, das der gläubige Verstand auch erfassen kann, gibt es, wie ich glaube, eine befriedigende Antwort. Gottes Name und Wesen wird für uns immer unbegreiflich bleiben, jedoch in seiner unendlichen Liebe enthüllt uns Gott einige seiner Wesenszüge, die wir »Eigenschaften« nennen.

Allerhöchster Vater, himmlischer König,
Dir zu singen wagen wir nun;
Fröhlich bekennen wir Deine Eigenschaften
Herrlich alle und ohne Zahl.

CHARLES WESLEY

KAPITEL 3

Eine göttliche Eigenschaft – was ist das?

> O allerhöchste Majestät, meine Seele verlangt danach, Dich zu schauen. Aus dem Staub rufe ich zu Dir.
> Doch wenn ich nach Deinem Namen frage, so ist er verborgen. Du selbst bleibst verborgen im Licht, und kein Mensch kann Dir nahen. Was Du bist, ist unvorstellbar und nicht in Worte zu fassen, denn Deine Herrlichkeit ist unbeschreiblich.
> Dennoch, Prophet und Psalmist, Apostel und Heilige haben mich ermutigt zu glauben, daß ich ein wenig von Dir erkennen kann. Deshalb bitte ich Dich, mir auf der Suche nach dem zu helfen, was Du nach Deinem Wohlgefallen von Dir enthüllt hast, nach dem Schatz, der kostbarer als Edelsteine oder feines Gold ist. Denn mit Dir werde ich leben, wenn selbst Sterne und Himmel nicht mehr sein werden und nur Du allein bleibst. Amen.

Sich mit den Eigenschaften Gottes zu beschäftigen ist alles andere als langweilig oder schwierig, vielmehr wird es für den Gläubigen eine erfrischende und packende geistliche Übung sein. Für die nach Gott dürstende Seele gibt es nichts Köstlicheres.

> Nur dazusitzen und an Gott zu denken,
> Ach welche Freude ist das!
> Den Gedanken zu denken, den Namen zu hauchen,
> Auf Erden gibt es keine größere Wonne.
>
> FREDERICK W. FABER

Doch sollten wir zuerst einmal klären, was unter dem Wort *Eigenschaft* zu verstehen ist. Hier ist nicht der philosophische Sinn und auch nicht eine streng theologische Deutung gemeint, sondern einfach das, was Gott selbst von sich offenbart.

Hier stellt sich auch die Frage, wie viele göttliche Eigenschaften es gibt. Religiöse Denker haben darüber ganz verschiedene

Auffassungen. Einige behaupten, es seien sieben, ein anderer singt »Gott hat *tausend* Eigenschaften«, und Charles Wesley spricht in einem seiner Lieder von *unzähligen*. Die letzteren zählten nicht nach, sondern priesen Gott. Es ist weise, sich nicht an vorsichtigen theologischen Überlegungen aufzuhalten, sondern der Einsicht des erleuchteten Herzens zu folgen. Da es sich hier um Eigenschaften des Wesens Gottes handelt, ist ein Versuch, sie zu zählen, unsinnig. Außerdem ist es für diese Meditation unerheblich, da nur einige genannt werden sollen.

Wenn eine Eigenschaft etwas ist, das eine Wahrheit über Gott ausdrückt, dann ist es auch etwas, was wir an ihm wahrnehmen können. Da Gott unendlich ist, muß er Eigenschaften besitzen, über die wir nichts wissen können. Das, was wir als Eigenschaft benennen, ist eine Vorstellung des Menschen, seine intellektuelle Antwort auf Gottes Selbstoffenbarung.

Wie ist Gott? Was für ein Gott ist er? Welche Handlungen uns und allem Erschaffenen gegenüber dürfen wir von ihm erwarten? Das sind nicht nur wissenschaftliche Fragen, denn sie berühren die tiefsten Bereiche des menschlichen Geistes, und ihre Beantwortung wirkt sich auf Leben, Charakter und Schicksal eines Menschen aus. Werden solche Fragen in Ehrfurcht gestellt und die Antworten in Demut gesucht, so können sie unserm Vater im Himmel nur wohlgefällig sein. »Denn er will, daß wir mit Erkennen und Lieben beschäftigt sind«, schrieb die englische Mystikerin Juliana von Norwich, »bis dies im Himmel vollkommen sein wird ... Vor allem durch das Schauen und Lieben der Seele läßt sie sich selbst gering erscheinen und erfüllt sie mit echter Gottesfurcht und Demut sowie mit reichlicher Liebe zu den Mitgläubigen.«[7]

Auf unsere Fragen hält Gott Antworten bereit – natürlich nicht auf alle, doch es sind genug, um unseren Intellekt zu befriedigen und unsere Herzen zu erheben. Diese Antworten finden wir in der Natur, in der Heiligen Schrift und in der Person seines Sohnes.

Der Gedanke, daß Gott sich in der Schöpfung offenbart, gilt bei modernen Christen nicht besonders viel, aber an den biblischen Aussagen darüber im Alten Testament, besonders bei David und Jesaja und im Neuen Testament im Brief des Paulus an die Römer kommt man nicht vorbei. In der Heiligen Schrift wird diese Offenbarung Gottes noch klarer:

> Die Himmel erzählen Deine Ehre, Herr,
> In jedem Stern leuchtet Deine Wahrheit;
> Aber wenn unsere Augen Dein Wort betrachten,
> Dann lesen wir Deinen Namen in schönerer Schrift.
>
> Isaac Watts

Und es ist heiliger und unentbehrlicher Bestandteil der christlichen Botschaft, daß die Offenbarung Gottes am hellsten in der Geburt seines Sohnes erstrahlt. Das ewige Wort wurde Fleisch, um unter uns zu wohnen.

Obschon Gott uns in dieser dreifachen Offenbarung Antwort auf unser Fragen gibt, sind diese nicht leicht zu finden. Man muß im Gebet und Nachsinnen über dem geschriebenen Wort sowie durch gründliche Arbeit nach ihnen suchen. Wie hell das Licht auch scheinen mag – es kann nur von denen wahrgenommen werden, deren Geist darauf vorbereitet ist, es aufzunehmen. »Selig sind, die reinen Herzens sind; denn sie werden Gott schauen« (Mt 5,8).

Wenn wir in unserm Nachdenken über die Eigenschaften Gottes genau sein wollen, müssen wir lernen, Worte wie *Charakterzug, Eigentümlichkeit* und *Beschaffenheit* aus unseren Gedanken fernzuhalten. Solche Worte sind notwendig, um Geschöpfe zu beschreiben, aber völlig ungeeignet, wenn wir uns mit Gott beschäftigen. Wir müssen uns von der Gewohnheit lösen, vom Schöpfer genauso wie von seinen Geschöpfen zu denken. Wahrscheinlich ist es unmöglich, ohne Worte zu denken, doch wenn wir uns selbst erlauben, mit falschen Worten zu denken, so können daraus leicht auch falsche Gedanken werden. Dies liegt daran, daß Worte, mit deren Hilfe wir Gedanken ausdrücken, die Eigenschaft haben, über ihre eigentliche sprachliche Bedeutung hinauszugehen und den Gedankeninhalt aufzudecken. »Weil nichts leichter ist als denken«, sagte Thomas Traherne, »ist nichts so schwer wie gut zu denken.«[8] Und gerade beim Nachdenken über Gott kommt es wirklich darauf an, gut zu denken.

Ein Mensch ist die Summe seiner Glieder und sein Charakter die Summe der Wesenszüge, aus denen er besteht. Diese Charaktereigenschaften sind von Mensch zu Mensch verschieden und sogar im Menschen selbst von Zeit zu Zeit unterschiedlich. Der menschliche Charakter ist nicht konstant, denn seine Wesenszüge sind nicht stabil. Sie erscheinen und verschwinden wieder, auch ihre Intensität ist das ganze Leben hindurch unterschiedlich. So ist einer mit dreißig vielleicht freundlich und rücksichtsvoll, mit fünfzig jedoch grausam und grob. Solch eine Veränderung ist möglich, weil der Mensch ein Geschöpf ist. Er ist eine Zusammensetzung im eigentlichen Sinne, er ist die Summe der Wesenszüge, die seinen Charakter ausmachen.

Für uns ist es ganz natürlich und auch richtig, den Menschen als Werk der göttlichen Intelligenz zu sehen. Er wurde erschaffen und gemacht. Wie er erschaffen wurde, ist eines der göttlichen Geheimnisse: wie er vom Nichtsein zum Sein und vom Nichts zum Etwas gelangte, das ist nicht bekannt. Außer dem Schöpfer selbst wird dies vielleicht nie jemand wissen. Doch wie Gott ihn *machte*, können wir ein Stück weit erkennen. Wir wissen, daß der Mensch einen Leib, eine Seele und einen Geist besitzt, daß er ein Gedächtnis, einen Verstand, einen Willen, einen Intellekt sowie Wahrnehmungsfähigkeiten hat. Damit diese einen Sinn erhalten, besitzt er auch die wundersame Gabe des Bewußtseins. Alle diese Teile bilden gemeinsam mit den verschiedensten Temperamenten das Selbst eines Menschen. Gott hat ihm in unendlicher Weisheit Gaben zugeordnet, die die kleinste Einheit der Schöpfung bilden. Fäden, aus denen das meisterhafte Gewebe des Universums zusammengesetzt ist.

Schon beim Nachdenken über diese Dinge haben wir menschliche Gedanken und verwenden, um sie auszudrücken, Worte, die sich Geschöpfe erdacht haben. Deshalb sind weder unsere Gedanken noch unsere Worte Gott angemessen. »Der Vater ist von niemand weder gemacht, noch geschaffen, noch geborn«, heißt es im athanasianischen Glaubensbekenntnis. »Der Sohn ist allein vom Vater, nicht gemacht, noch geschaffen, sondern geborn. Der Heilige Geist ist vom Vater und Sohn, nicht gemacht, nicht geschaffen, nicht geborn, sondern ausgehend.«[9] Gott existiert in sich selbst und durch sich selbst. Er verdankt das Dasein niemandem. Sein Wesen ist nicht in Teile zerlegbar, sondern er ist einzig in seinem einheitlichen Sein.

Die Lehre von der göttlichen Einheit beinhaltet nicht nur, daß Gott allein Gott ist, sondern auch, daß Gott eins mit sich selbst ist. Die Harmonie seines Wesens ist nicht das Resultat einer vollkommenen Ausgeglichenheit aller seiner Bestandteile, sondern ist nur möglich, weil Gott nicht aus Teilen besteht. In seinem Wesen kann kein Widerspruch existieren. Seine Eigenschaften lösen einander nicht ab, sie sind nicht unterschiedlich stark, sondern alle eins in ihm. Alles, was Gott tut, tut er mit seinem ganzen Wesen; wenn er handelt, handelt er in der totalen Ganzheit seines Seins.

Eine Eigenschaft ist also nicht ein Teil Gottes, sondern zeigt, *wie* Gott ist, und soweit es unser Verstand erfassen kann, kann man auch sagen, sie ist das, *was* Gott ist. Gott kann sich uns nicht exakt beschreiben, wie ich schon zu erklären versucht habe. Was Gott über sich selbst weiß und wessen er sich selbst bewußt ist, weiß nur er allein. »So weiß auch niemand, was in Gott ist, als allein der Geist Gottes« (1 Kor 2,11b). Nur einem Gleichgestellten könnte Gott das Geheimnis seiner Gottheit mitteilen, und an die Existenz eines Gottes Gleichgestellten auch nur zu denken ist absolut absurd.

Eine Eigenschaft Gottes ist etwas, wovon wir wissen, daß es auf Gott zutrifft. Diese Eigenschaften sind nicht mit menschlichen Charakterzügen zu vergleichen, denn sie sind Gott, so, wie er sich seinen Geschöpfen offenbart. Liebe, zum Beispiel, ist nicht etwas, was Gott hat und das wächst oder abnimmt oder ganz verschwindet. Gott *ist* Liebe, und wenn er liebt, ist er einfach sich selbst. Genauso verhält es sich auch mit den anderen Eigenschaften Gottes.

Ein Gott! Eine Majestät!
Es gibt keinen Gott außer Dir!
Unbegrenzte, unerweiterte Einigkeit!

Unergründbare See!
Alles Leben kommt aus Dir,
Und Dein Leben ist Deine selige Einigkeit.

FREDERICK W. FABER

Kapitel 4

Die heilige Dreieinigkeit

Gott unserer Väter, wie reich ist unsere Sprache. Und doch, wie armselig scheinen unsere Worte, wenn wir versuchen, Deine Wunder zu rühmen! Wenn wir das Geheimnis Deiner dreieinigen Gottheit betrachten, legen wir ehrfürchtig die Hand auf den Mund. Im Anblick des brennenden Busches begehren wir nicht, zu begreifen, sondern sehnen uns danach, Dich, den einen Gott, geoffenbart in drei Personen, gebührend anbeten zu können. Amen.

Über die drei Personen der Gottheit nachzusinnen ist wie in Gedanken durch den Garten Eden zu gehen und auf heiligen Boden zu treten. Unser ernsthaftestes Bemühen, das unbegreifliche Geheimnis zu erfassen, wird stets vergeblich sein, und nur tiefste Ehrfurcht kann es vor tatsächlicher Anmaßung bewahren.

Manche Leute, die alles ablehnen, was sie nicht erklären können, bestreiten auch, daß Gott eine Trinität ist. Sie unterziehen den Allerhöchsten einer nüchternen Prüfung und kommen zu dem Schluß, daß er unmöglich gleichzeitig Einer und doch Drei sein kann. Solche Leute vergessen, daß ihr ganzes Leben in ein Geheimnis gehüllt ist. Sie bedenken nicht, daß selbst einfachste Naturphänomene nie ganz zu ergründen sind und kaum besser als das Geheimnis der Gottheit geklärt werden können.

Jeder Mensch hat einen Glauben, der Ungläubige wie der Heilige; der eine glaubt an die Naturgesetze, der andere an Gott. Jeder Mensch muß in seinem Leben Dinge akzeptieren, die er nicht verstehen kann. Selbst den gelehrtesten Weisen kann man mit der Frage »Was ist das?« zum Schweigen bringen. Die Antwort auf diese Frage liegt für alle Zeiten in der unendlichen Tiefe des Unbekannten verborgen; kein Mensch wird sie je entdecken. »Gott weiß den Weg zu ihr, er allein kennt ihre Stätte« (Hi 28,23), niemals aber der sterbliche Mensch.

Ähnlich wie Platon stellt sich Thomas Carlyle einen heidnischen

Menschen vor, der in einer versteckten Höhle zur Reife herangewachsen ist und nun plötzlich herausgebracht wird, um den Sonnenaufgang mit anzusehen. »Wie groß wäre sein entzücktes Staunen beim Anblick dessen, dem wir täglich mit Gleichgültigkeit begegnen! Mit dem freien, offenen Sinn eines Kindes, jedoch auch mit dem reifen Geist eines Mannes, würde sein ganzes Herz entbrennen ... Diese grüne, blühende, auf Felsen gebildete Erde mit all ihren Bäumen, Flüssen und wogenden Meeren; die blaue Weite, die sich über uns ausbreitet; das Wehen der Winde; die schwarze Wolke, die sich zusammenballt und einmal Feuer, ein anderes Mal Hagel und Regen ausschüttet – was *ist* das? Ja, was? Im tiefsten Innern wissen wir es noch nicht und werden es auch nie wissen.«[10]

Wie anders reagieren wir! Wir haben uns daran gewöhnt und sind durch die Fülle der wunderbaren Dinge, die uns umgeben, abgestumpft! »Nicht durch unsere überragende Einsicht überwinden wir das Unverständliche«, sagte Carlyle, »sondern durch unseren überragenden Leichtsinn, unsere Unaufmerksamkeit und durch unseren Mangel an Einsicht. Das Nichtdenken läßt uns aufhören zu staunen ... Wir nennen das Feuer aus der dunklen Wolke ›Elektrizität‹ und halten darüber gelehrte Vorträge. Aber was *ist* Elektrizität? Wohin geht sie? Woher kommt sie? Die Wissenschaft hat viel für uns getan; aber ist das nicht eine arme Wissenschaft, die uns die tiefe, heilige, unendliche Unwissenheit verbergen möchte, auf deren Oberfläche sie schwimmt und welche sie nie durchdringen wird! Diese Welt ist trotz all unseres Wissens und all unserer Wissenschaft immer noch ein Wunder – großartig, unergründlich und faszinierend für alle, die darüber *nachdenken*.«

Diese eindrücklichen, beinahe prophetischen Worte wurden vor mehr als einem Jahrhundert geschrieben, aber trotz der atemberaubenden Fortschritte, die Wissenschaft und Technik seit jener Zeit erlebten, ist kein einziges unzeitgemäß geworden. Wir sind immer noch Unwissende. Wir wahren das Gesicht, indem wir gedankenlos im Fahrwasser der Wissenschaft schwimmen. Die gewaltige Energie der Erde machen wir uns zu Nutzen und beherrschen sie mit einem Knopfdruck, es sei im Auto oder in der Küche. Wir lassen sie für uns arbeiten wie Aladins Wunderlampe, aber noch immer wissen wir nicht, was sie ist. Weltliche Interessen, Materialismus und die gegenwärtigen Dinge, die ständig in uns eindringen, haben das Licht in unsern Seelen gelöscht und uns zu einer Generation lebendiger Leichen gemacht. Wir verdecken unsere Unwissenheit mit Worten, wir schämen uns zu staunen und fürchten uns davor, das Wort *Geheimnis* auch nur zu flüstern.

Die Gemeinde hat nie gezögert, die Dreieinigkeit zu lehren. Ohne vorgeben zu wollen, diese zu verstehen, hat sie sie bezeugt und hat damit die Lehre der Heiligen Schrift wiederholt. Manche bestreiten, daß die Bibel die Dreieinigkeit Gottes lehrt. Sie gehen davon aus, daß die ganze Idee von einer Dreiheit, die gleichzeitig eine Einheit ist, in sich selbst ein Widerspruch ist. Doch wenn wir nicht einmal das Herabfallen eines Blattes vom Baum am Straßenrand oder das Ausbrüten eines Eies im Rotkehlchennest verstehen können, warum sollte dann die Trinität für uns ein Problem darstellen? »Wir denken edler von Gott«, sagt Miguel de Molinos, »wenn wir erkennen, daß er unbegreiflich ist und unser Verstehen übersteigt, als wenn wir ihn mit der Begrenztheit unseres Verstandes in irgendeinem Bilde und in der Naturschönheit bruchstückhaft wahrnehmen.«[11]

Nicht alle, die sich in vergangenen Jahrhunderten Christen nannten, glaubten an die Dreieinigkeit. Doch wie die Gegenwart Gottes in der Feuerwolke über dem Lager Israels während der ganzen Wüstenwanderung aufleuchtete und der gesamten Welt bezeugte: »Dies ist mein Volk«, so strahlt der Dreieinigkeitsglaube seit den Tagen der Apostel wie ein Licht über der Gemeinde, die ihren Weg durch die Wüste der Zeit sucht. Reinheit und Kraft sind Folgen dieses Glaubens. Unter diesem Banner schritten Apostel, Glaubensväter, Märtyrer, Mystiker, Liederdichter, Reformatoren und Erweckungsprediger vorwärts, und das Siegel göttlichen Wohlgefallens ruhte auf ihrem Leben und Tun. Wie sehr sie auch in unbedeutenderen Dingen voneinander abwichen, so verband sie in gleichem Maße die Lehre der Dreieinigkeit.

Was Gott kundtut, bekennt das glaubende Herz, ohne weiterer Beweise zu bedürfen. Einen Beweis zu suchen bedeutet ja nichts anderes, als dem Zweifel Raum zu geben, und einen Beweis zu erhalten heißt, den Glauben überflüssig zu machen. Jeder, der die Gabe des Glaubens besitzt, wird die Weisheit in jenen kühnen

Worten eines der frühen Kirchenväter erkennen: »Ich glaube, daß Christus für mich starb, weil es unglaublich ist. Ich glaube, daß er von den Toten auferstand, weil es unmöglich ist.«

Das war auch die Haltung Abrahams, der trotz all der äußeren Umstände im Glauben stark wurde und Gott die Ehre gab. Das war die Glaubenshaltung Anselms von Canterbury, des »zweiten Augustinus«, eines der größten Denker der christlichen Geschichte, der daran festhält, daß der Glaube den Vorrang vor allem intellektuellen Bemühen hat. Das Nachsinnen über offenbarte Wahrheit zieht den Glauben ganz natürlich nach sich, doch der Glaube kommt zuerst zum hörenden Ohr und nicht zum denkenden Verstand. Der glaubende Mensch kommt nicht durch das verstandesmäßige Erfassen des Wortes zum Glauben. Die Bestätigung seines Glaubens sucht er nicht in der Philosophie oder Wissenschaft. Sein Schrei ist: »Gott ist wahrhaftig, und alle Menschen sind Lügner« (Röm 3,4).

Heißt das, man solle die Gelehrsamkeit im christlichen Glauben, der von den Offenbarungen Gottes lebt, aufgeben? Keineswegs. Dem Gelehrten fällt – im richtigen Rahmen – eine wichtige und wesentliche Aufgabe zu. Seine Aufgabe ist es, die Reinheit des Textes zu garantieren und so nahe wie möglich an das ursprüngliche Wort heranzukommen. Er soll Schriftwort mit Schriftwort so lange vergleichen, bis er den wahren Sinn des Textes herausgefunden hat. Aber genau an dieser Stelle endet seine Autorität. *Er darf sich nie zum Richter über das, was geschrieben ist, erheben.* Die Bedeutung des Schriftwortes darf er nicht vor den Richtstuhl seiner Vernunft ziehen. Er darf nichts als vernünftig oder unvernünftig, als wissenschaftlich oder unwissenschaftlich empfehlen oder verwerfen. Hat er die Bedeutung des Textes herausgefunden, so ist sie es, die ihn beurteilt – niemals umgekehrt!

Die Lehre von der Dreieinigkeit ist eine Wahrheit, die mit dem Herzen aufgenommen wird. Nur der Geist des Menschen, nicht der Verstand, vermag durch den Vorhang hindurch in dieses Allerheiligste zu treten. »Laß mich dich verlangend suchen«, flehte Anselm, »suchend verlangen. Laß mich liebend finden, findend lieben.«[12] Liebe und Glaube sind im Geheimnis der Gottheit zu Hause. Die Vernunft möge draußen in Ehrfurcht niederknien.

Christus zögerte nicht, über den Vater, den Heiligen Geist und sich selbst in der Mehrzahl zu sprechen. »Wir werden zu ihm kommen und Wohnung bei ihm nehmen« (Joh 14,23). Doch er sagte auch: »Ich und der Vater sind eins« (Joh 10,30). Es ist sehr wichtig, daß wir Gott als drei in einem sehen und weder die Personen durcheinanderbringen noch sein Wesen zerteilen. Nur so denken wir richtig von Gott und in einer Weise, die seiner würdig und auch unserer Seele angemessen ist.

Dieser Anspruch unseres Herrn auf das Gleichsein mit dem Vater brachte die damaligen Juden gegen ihn auf und führte bis zur Kreuzigung. Der Angriff, den Arius 200 Jahre später gegen die Dreieinigkeitslehre einleitete, richtete sich ebenfalls gegen den Gottheitsanspruch Jesu. Während dieser Kontroverse versammelten sich in Nizäa 318 Kirchenväter (viele von ihnen durch frühere Verfolgungen verstümmelt und narbenbedeckt) und verfaßten ein Glaubensbekenntnis, dessen einer Teil lautet:

> Ich glaube an den einen Herrn Jesus Christus,
> Gottes eingeborenen Sohn,
> Aus dem Vater geboren vor aller Zeit:
> Gott von Gott, Licht vom Licht,
> Wahrer Gott vom wahren Gott,
> Gezeugt, nicht geschaffen,
> Eines Wesens mit dem Vater,
> Durch ihn ist alles geschaffen.

Über 600 Jahre diente dieses Bekenntnis als Prüfstein der Rechtgläubigkeit, denn es faßt in theologischer Sprache die Lehre des Neuen Testamentes über die Stellung des Gottessohnes in der Dreieinigkeit zusammen.

Das Nizäische Glaubensbekenntnis spricht auch vom Heiligen Geist als von Gott selbst und setzt ihn mit dem Vater und dem Sohne gleich:

> Ich glaube an den Heiligen Geist,
> Der Herr ist und lebendig macht,
> Der aus dem Vater und dem Sohn hervorgeht,
> Der mit dem Vater und dem Sohne
> Angebetet und verherrlicht wird.

Bis auf die Frage, ob der Geist vom Vater allein oder aber vom Vater und vom Sohn gemeinsam ausgeht, ist dieser Lehrsatz des alten Glaubensbekenntnisses sowohl in den östlichen wie auch in den westlichen Zweigen der Kirche und – mit Ausnahme einer kleinen Minderheit – von allen Gläubigen festgehalten worden.

Die Verfasser des Athanasianischen Glaubensbekenntnisses formulierten die Beziehung der drei göttlichen Personen zueinander sehr sorgfältig. Die Lücken, die das menschliche Denken nicht überwinden kann, füllten sie so gut wie möglich, ohne dabei die Grenzen des inspirierten Wortes zu überschreiten. »In dieser Dreieinigkeit«, so heißt es im Athanasianum, »ist nichts früher oder später, ist nichts größer oder kleiner, sondern alle drei Personen sind ewig eins und gleich.«

Wie können diese Worte mit dem Ausspruch Jesu »Mein Vater ist größer als ich« übereinstimmen? Jene alten Theologen waren sich dieser Frage bewußt und schrieben ins Bekenntnis: »Gleich mit dem Vater in seiner Gottheit, geringer als der Vater in seinem Menschsein.« Diese Interpretation sollte jeder kennen, der auf einem Gebiet, wo das Licht so hell ist, daß es das Auge blendet, nach Wahrheit sucht.

Um die Menschheit zu erlösen, verließ der Ewige Sohn den Schoß des Vaters nicht. Als Jesus schon geboren war, sprach Johannes von ihm als von dem »Eingeborenen (Sohn), der Gott ist und in des Vaters Schoß ist« (Joh 1,18). Jesus selbst dagegen sagt von sich, er sei »der Menschensohn«, »der vom Himmel herabgekommen ist« (Joh 3,13). Zugegeben – hier stoßen wir auf ein Geheimnis, aber nicht auf einen Widerspruch. In seiner Fleischwerdung verhüllte der Sohn seine Göttlichkeit, machte sie dadurch aber nicht ungültig und hob sie auch nicht auf. Die Einheit der Gottheit machte es ihm unmöglich, etwas von seiner Göttlichkeit aufzugeben. Als er Mensch wurde, erniedrigte er sich nicht, denn Gott kann nie geringer werden. Es ist undenkbar, daß Gott sich verändert, er bleibt ewig derselbe.

Da die Personen der Gottheit eins sind, haben sie auch nur einen Willen. Sie wirken immer gemeinsam; jede geringste Tat des einen hat die sofortige Zustimmung der anderen, sie wird in der Einheit der Dreieinigkeit vollbracht. Hier zwingt uns unser Verstand, Gott in menschliche Begriffe zu fassen. Wir denken von

Gott so, wie wir auch von Menschen denken würden; deshalb kann das Ergebnis zwangsläufig nicht die ganze Wahrheit umfassen. Wenn wir jedoch überhaupt über Gott nachdenken wollen, müssen wir menschliche Gedanken und Worte auch auf unseren Schöpfer anwenden. Daraus entsteht diese zwar verständliche, jedoch absolut falsche Vorstellung, die Personen der Gottheit würden miteinander diskutieren und dann gemeinsam beschließen, so wie wir Menschen es tun. Ich hatte schon immer den Eindruck, daß Milton, der Autor des Buches »*Das verlorene Paradies*«, das Ansehen der Gottheit dadurch schwächt, daß er Vater, Sohn und Heiligen Geist über die Erlösung der Menschheit beratend darstellt.

Als der Sohn Gottes als Menschensohn auf Erden wandelte, redete er oft mit dem Vater, und dieser antwortete ihm; jetzt tritt der Menschensohn bei Gott als Vermittler für sein Volk ein. Der in der Bibel geschilderte Dialog zwischen dem Vater und dem Sohn ist immer ein Dialog zwischen dem Ewigen Vater und dem Menschen Jesus Christus. Die augenblickliche, unmittelbare Kommunikation zwischen den Personen der Gottheit besteht von aller Ewigkeit her und kennt weder Laute noch Mühe noch Bewegung.

Inmitten der ewigen Stille
Wurde Gottes endloses Wort gesprochen;
Keiner hörte, außer dem, der immer sprach,
Und die Stille blieb ununterbrochen.

Erstaunlich! Anbetungswürdig!
Kein Gesang noch Klang wird gehört,
Doch überall und zu jeder Stunde
Spricht der Vater sein ewiges Wort
In Liebe, in Weisheit und in Kraft.

FREDERICK W. FABER

Viele Gläubige haben die Vorstellung, das Wirken Gottes sei unter den drei Personen aufgeteilt, wobei sie jeder Person eine bestimmte Aufgabe zuordnen. So zum Beispiel dem Vater die Schöpfung, dem Sohn die Erlösung und dem Heiligen Geist die Wiedergeburt. Das trifft jedoch nur zum Teil zu, denn Gott teilt sich selbst nicht so, daß die eine göttliche Person wirkt, während die anderen untätig sind. Die Heilige Schrift zeigt uns, daß alle drei Personen gemeinsam in harmonischer Einheit all ihre Werke im Universum vollbringen.

In der Bibel wird das *Schöpfungswerk* dem Vater (1 Mo 1,1), dem Sohn (Kol 1,16) und dem Heiligen Geist (Hi 26,13; Ps 104,30) zugeschrieben. Sie zeigt ebenso, daß die *Fleischwerdung* von allen drei Personen der Gottheit in voller Übereinstimmung vollendet wurde (Lk 1,35), obwohl nur der Sohn Fleisch wurde, um unter uns zu wohnen. Bei der *Taufe Christi* stieg der Sohn aus dem Wasser, der Geist kam auf ihn hernieder, und die Stimme des Vaters ertönte vom Himmel (Mt 3,16 f.). Die wahrscheinlich schönste Beschreibung des *Versöhnungswerkes* finden wir in Hebräer 9,14, wo gesagt wird, daß Christus sich »ohne Fehl durch den ewigen Geist Gott« geopfert hat, und auch hier sehen wir wieder das Zusammenwirken der drei Gottheitspersonen.

Ähnlich wird die *Auferstehung Christi* abwechselnd dem Vater (Apg 2,32), dem Sohn (Joh 10,17 f.) und dem Heiligen Geist (Röm 1,4) zugeschrieben. Die *Errettung* des einzelnen Menschen ist nach den Worten des Apostels Petrus das Werk aller drei göttlichen Personen (1 Petr 1,2); die gläubige Seele erfährt, daß der Vater, der Sohn und der Heilige Geist in ihr wohnen (Joh 14,15–23).

Die Lehre von der Dreieinigkeit ist, wie ich bereits erklärte, eine Wahrheit, die mit dem Herzen ergriffen wird.

Die Tatsache, daß man sie nicht zufriedenstellend erklären kann, spricht nicht gegen, sondern für sie.

Du gepriesene Dreieinigkeit!
Du einzige Majestät! Du drei in Einem!
Du bist für immer Gott allein.
Heilige Dreieinigkeit!
Gepriesene, gleichgestellte Drei,
Wir preisen Dich, den einen Gott.

Frederick W. Faber

KAPITEL 5

Die Unbedingtheit Gottes

> Herr allen Seins! Du allein kannst von Dir sagen: ICH BIN, DER ICH BIN. Doch wir, die nach Deinem Bilde geschaffen sind, können für uns nur »Ich bin« wiederholen, und bekennen damit, daß wir von Dir herkommen und unsere Worte nur ein Echo Deiner eigenen sind. Wir anerkennen Dich als das große Original, dessen dankbare, wenn auch unvollkommene Bilder wir durch Deine Güte sind. Wir beten Dich an, o ewiger Vater. Amen.

»Gott hat keinen Ursprung«, schrieb Novatian,[13] und eben diese Ursprungslosigkeit ist es, wodurch sich das Was-Gott-Ist von allem unterscheidet, was nicht Gott ist.

Ursprung ist ein Wort, das nur in Verbindung mit erschaffenen Dingen gebraucht werden kann. Gott jedoch existiert in sich selbst, er ist unbedingt, während alles Erschaffene logischerweise irgendwo und irgendwann seinen Anfang genommen hat. Nur Gott allein hat seinen Ursprung in sich selbst.

Indem wir uns bemühen, den Ursprung der Dinge zu entdekken, bekunden wir unseren Glauben, daß alles von dem Einen erschaffen wurde, den niemand erschaffen hat. Unsere Erfahrung lehrt uns, daß alles von etwas anderem herkommt. Alles Bestehende muß eine Ursache haben, die schon vorher da war und die dem Neuen mindestens gleichwertig ist, da etwas wesensmäßig Geringeres nichts Größeres hervorbringen kann. Jede Person oder jede Sache kann beides zusammen sein: Wirkung und Ursache anderer Wirkungen. Gott dagegen, der die Ursache für alles ist, ist durch nichts verursacht.

Wenn ein Kind fragt: »Woher kommt Gott?«, so gesteht es damit ungewollt ein, daß es auch Gott für erschaffen hält. Der Gedanke an Ursprung und Ursache ist bereits fest in seiner Vorstellung verankert. Es weiß, daß alles ringsumher von etwas anderem herkommt und dehnt diese Vorstellung einfach auch auf Gott aus. Dieser kleine Philosoph denkt in den Maßstäben eines

Geschöpfes, und seine Überlegung – wenn man den Mangel an grundlegender Information berücksichtigt – ist daher berechtigt. Man muß ihm erst sagen, daß Gott keinen Anfang hat; doch dies zu erfassen wird für ihn nicht leicht sein, weil er mit einer völlig ungewohnten Kategorie bekannt gemacht wird. Dies läuft der allen intelligenten Wesen innewohnenden Neigung zuwider, allem einen Ursprung zuzuschreiben – eine Neigung, die sie dazu treibt, immer weiter zurückzufragen, um die Anfänge zu entdekken. Fest an das zu glauben, worauf sich der Ursprungsgedanke nicht anwenden läßt, ist nicht leicht, vielleicht sogar unmöglich. So wie man einen kleinen Lichtpunkt nur dann sehen kann, wenn man den Blick leicht auf die Seite und nicht direkt ins Licht richtet, also gewisse Bedingungen einhalten muß, verhält es sich auch mit der Vorstellung des Unerschaffenen. Wenn wir unsere Gedanken auf den Einen zu konzentrieren versuchen, der nicht erschaffen wurde, so erkennen wir vielleicht überhaupt nichts; denn er wohnt in einem Lichte, dem niemand nahen kann. Nur durch den Glauben und die Liebe können wir einen flüchtigen Blick auf ihn werfen, während wir in der Felsenkluft geborgen sind und ihn vorübergehen sehen (2 Mo 33,18–23). »Und obwohl dieses Schauen sehr schwach, vage und allgemeiner Natur ist«, sagt Miguel de Molinos, »bewirkt es, da es übernatürlich ist, ein deutlicheres und vollkommeneres Erkennen Gottes als irgendeine besondere Vorstellung, die man sich in diesem Leben bilden kann, da alle spür- und fühlbaren Vorstellungen von Gott unendlich weit von ihm selbst entfernt sind.«[14]

Dem erschaffenen menschlichen Geist ist es bei dem Gedanken an den Unerschaffenen begreiflicherweise unbehaglich zumute. Die Gegenwart eines Wesens zu akzeptieren, das gänzlich außerhalb unseres gewohnten Wissensbereiches steht, fällt uns nicht leicht. Die Vorstellungen von Einem, der uns das Dasein nicht begründet, keinem Rechenschaft schuldet, selbst-existent, unabhängig und in sich selbst genügsam ist, beunruhigen uns.

Philosophie und Wissenschaft stehen der Gottesidee nicht immer freundlich gegenüber. Der Grund dafür liegt in deren Bemühen, Dinge erklären zu wollen, und in ihrer Ungeduld allem gegenüber, das sich diesem Bemühen widersetzt. Sowohl der Philosoph wie der Wissenschaftler gibt zu, daß es viel gibt, was er nicht weiß. Aber das ist etwas ganz anderes als einzugestehen, daß es etwas gibt, das sie *niemals* wissen können und das sich dem Zugriff ihrer Techniken und Methoden entzieht. Zugegeben, daß es Einen gibt, der jenseits unseres Begreifens steht, der sich in keine unserer üblichen Kategorien einordnen läßt und sich nicht unserem neugierigen Forschen unterwirft – all das erfordert ein beträchtliches Maß an Demut, jedenfalls mehr, als die meisten von uns besitzen. So wahren wir das Gesicht, indem wir Gott durch unser Denken auf unsere Ebene herunterholen oder zumindest dahin bringen, wo wir ihn handhaben können. Aber wie sehr entzieht er sich solchen Bestrebungen! Denn er ist überall und doch zugleich nirgendwo; denn »wo« hat mit Materie und Raum zu tun, und Gott ist von beidem unabhängig. Er steht jenseits von Zeit und Bewegung, ist völlig unabhängig und schuldet keiner der aus seinen Händen hervorgegangenen Welten irgend etwas.

> Zeitlos, raumlos, einzig, einsam,
> Doch erhabene Drei,
> Du bist vornehm, immer allein,
> Gott in Einigkeit.
> Allein in Herrlichkeit, allein in Ehre –
> Wer soll die herrliche Geschichte Deiner Existenz erZählen?
> Ehrfurchtgebietende Dreieinigkeit!

FREDERICK W. FABER

Es ist kein erfreulicher Gedanke, daß Millionen von uns, die in einem Land leben, in dem es Bibeln gibt, die Gemeinden angehören und sich für die Ausbreitung der christlichen Botschaft einsetzen, ein ganzes Leben auf dieser Erde verbringen, ohne jemals ernsthaft über Gott nachzudenken oder wenigstens den Versuch dazu zu unternehmen. Nur wenige unter uns kennen das tiefe Staunen über den, der von sich sagt: ICH BIN, über den, der Leben in sich selbst hat und den sich keine Kreatur vorstellen kann. So etwas ist für uns zu unbequem. Wir denken lieber über Dinge nach, aus denen wir praktischen Nutzen ziehen können: z. B. wie man eine bessere Mausefalle konstruiert oder wie man den Ertrag einer Ernte verdoppelt. Und dafür zahlen wir nun den hohen Preis der Verweltlichung unseres Glaubens und des Verfalls unseres Innenlebens.

Vielleicht stellt sich manch ein aufrichtiger, aber verwirrter Christ an dieser Stelle die Frage nach der praktischen Anwendbarkeit solcher Auffassungen, wie ich sie hier vertrete. »Welche Auswirkung hat das auf *mein* Leben?« fragt er. »Welche Bedeutung kann die Unbedingtheit, dieses In-sich-selbst-Existieren Gottes möglicherweise für mich und andere in der heutigen Zeit haben?«

Darauf lautet meine Antwort: Wir sind das Werk Gottes, und daraus folgt, daß *alle unsere Probleme und ihre Lösungen theologischer Natur* sind. Ein bestimmtes Wissen über diesen Gott, der das All regiert, ist für eine gesunde Lebensphilosophie und eine vernünftige Weltanschauung unerläßlich. Der vielzitierte Ratschlag von Alexander Pope: »Erkenne dich selbst und maße dir nicht an, Gott zu erforschen; denn der Mensch ist es, den die Menschheit erforschen muß«, würde, befolgte man ihn wörtlich, dem Menschen jede Möglichkeit nehmen, sich nicht nur oberflächlich zu erkennen. Wir können niemals wissen, wer oder was wir sind, bis wir nicht zumindest etwas darüber wissen, wie Gott ist. Darum ist die Unbedingtheit Gottes nicht ein Stück trockener, akademischer Lehre, sondern eine Tatsache, die uns so nahe wie unser Atem ist und so praktisch wie die neueste chirurgische Technik.

Aus Gründen, die nur Gott selbst kennt, hat er dem Menschen, indem er ihn zu seinem Bilde schuf, mehr Ehre erwiesen als allen anderen Lebewesen. Darüber, daß die Gottebenbildlichkeit des Menschen nichts mit poetischer Phantasie zu tun hat und ebensowenig einer religiösen Sehnsucht entsprungen ist, sollte kein Zweifel bestehen. Sie ist eine solide theologische Tatsache, die in der ganzen Bibel unmißverständlich gelehrt und von der Gemeinde Jesu anerkannt wird als eine für das rechte Verständnis des christlichen Glaubens notwendige Wahrheit.

Der Mensch ist ein erschaffenes, abhängiges Wesen, das nichts von sich aus besitzt, sondern in seiner Existenz jeden Augenblick von dem Einen abhängig ist, der ihn nach seinem Bilde erschaffen hat. Die Tatsache, daß es Gott gibt, ist die Bedingung für die Tatsache der Existenz des Menschen. Man denke sich Gott weg, und der Existenz des Menschen wird jede Basis entzogen!

Daß Gott alles und der Mensch nichts ist, ist ein grundsätzlicher Lehrsatz des christlichen Glaubens. Hier decken sich die Lehren des Christentums mit denen der höher entwickelten und einsichtigen Religionen des Ostens. Bei all seinem Genius ist der Mensch lediglich ein Echo der Urstimme, ein Widerschein des unerschaffenen Lichtes. Wie der Sonnenstrahl stirbt, wenn er von der Sonne abgeschnitten wird, so würde der Mensch, getrennt von Gott, in die Leere des Nichts zurücksinken, aus der er beim Schöpfungsruf hervorgegangen ist.

Nicht nur der Mensch, sondern alles, was existiert, ist dem fortdauernden schöpferischen Impuls entsprungen und von ihm abhängig. »Im Anfang war das Wort, und das Wort war bei Gott, und Gott war das Wort... Alle Dinge sind durch dasselbe gemacht, und ohne dasselbe ist nichts gemacht, was gemacht ist«, so erklärt es Johannes (Joh 1,1.3). Und Paulus pflichtet ihm bei: »Denn in ihm ist alles geschaffen, was im Himmel und auf Erden ist, das Sichtbare und das Unsichtbare, es seien Throne oder Herrschaften oder Mächte oder Gewalten; es ist alles durch ihn und zu ihm geschaffen. Und er ist vor allem, und es besteht alles in ihm« (Kol 1,16–17). Der Verfasser des Hebräerbriefes schließt sich diesem Zeugnis an, indem er schreibt, daß Christus der Abglanz der Herrlichkeit Gottes und das Ebenbild seines Wesens ist und alle Dinge mit seinem kräftigen Wort trägt (Hebr 1,3).

In dieser gänzlichen Abhängigkeit aller Dinge vom Schöpferwillen Gottes liegt die Möglichkeit zur Heiligkeit und zur Sünde. Eines der Merkmale der Gottesbildlichkeit des Menschen liegt in seiner Fähigkeit, eine moralische Wahl zu treffen. Nach der Lehre des Christentums entschied sich der Mensch für die Unabhängigkeit von Gott und bekräftigte seine Wahl, indem er das göttliche Gebot bewußt übertrat. Diese Tat verletzte die Beziehung, die ursprünglich zwischen Gott und seinem Geschöpf bestand, und mit ihr wurde Gott als Existenzgrundlage abgelehnt und der Mensch auf sich selbst zurückgeworfen. Dadurch wurde der Mensch nicht zu einem Planeten, der sich um die eine, zentrale Sonne dreht, sondern zu einer eigenmächtigen Sonne, um die sich alles andere zu drehen hat.

Man könnte sich kaum eine positivere Behauptung über das Selbst vorstellen als jene Worte, die Gott zu Moses sprach: ICH BIN, DER ICH BIN. Das ganze Wesen Gottes wird mit dieser uneingeschränkten Erklärung unabhängigen Seins ausgedrückt. Doch das Ich Gottes ist nicht Sünde, sondern der Inbegriff aller Güte, Heiligkeit und Wahrheit.

Der natürliche Mensch ist ein Sünder, weil er Gottes Ich in der Beziehung zu seinem eigenen herausfordert. In allem anderen mag er Gottes Herrschaft willig akzeptieren – in seinem eigenen Leben jedoch lehnt er sie ab. Für ihn hört der Herrschaftsbereich Gottes da auf, wo sein eigener beginnt. Für ihn wird das Selbst zu einem übersteigerten Ich-Bewußtsein, und damit imitiert er unbewußt Luzifer, jenen gefallenen Morgenstern, der in seinem Herzen dachte: »Ich will in den Himmel steigen und meinen Thron über die Sterne Gottes erhöhen ... Ich will ... gleich sein dem Allerhöchsten« (Jes 14,13 f.).

Allerdings ist das Ich so listig, daß der Mensch sich dessen Anwesenheit kaum bewußt ist; als geborener Rebell will er selbst nicht bemerken, daß er ein Rebell ist. Seine ständige Selbstbestätigung erscheint ihm, soweit er überhaupt daran denkt, als etwas völlig Normales. Er ist bereit, sich für eine erstrebenswerte Sache – manchmal bis zur Selbstaufopferung – einzusetzen, aber niemals, sich selbst entthronen zu lassen. Ganz gleich, wie tief er in den Augen der Gesellschaft sinken mag, in seinen eigenen Augen ist er immer noch König auf seinem Thron, und niemand, nicht einmal Gott, kann ihn von diesem Thron verdrängen.

Die Sünde zeigt sich auf vielen Gebieten; ihr Ursprung ist aber die Tat eines sittlichen Wesens, das – eigentlich zur Anbetung vor Gottes Thron erschaffen – sich auf den Thron seines Selbst setzt und von dort verkündet: »ICH BIN.« Das ist der wahre Kern der Sünde. Aber weil dies natürlich ist, erscheint es auch als gut. Nur wenn die Seele durch das Evangelium ohne den Schutzschild der Unwissenheit vor das Angesicht des allerheiligsten Gottes gestellt wird, wird ihr dieses erschreckende Mißverhältnis bewußt. Verkündiger des Evangeliums sprechen von einem Überführtwerden des Menschen durch die alles verzehrende Gegenwart des allmächtigen Gottes. Darauf bezog sich Christus, als er von dem Geist, den er in die Welt senden wollte, sagte: »Und wenn er kommt, wird er der Welt die Augen auftun über die Sünde und über die Gerechtigkeit und über das Gericht« (Joh 16,8).

Die früheste Erfüllung dieser Worte Christi geschah zu Pfingsten, nachdem Petrus die erste christliche Predigt gehalten hatte. »Als sie aber das hörten, ging's ihnen durchs Herz, und sie sprachen zu Petrus und den andern Aposteln: Ihr Männer, liebe Brüder, was sollen wir tun?« (Apg 2,37). Dieses »Was sollen wir tun« ist der Schrei eines jeden Menschen aus der Tiefe des Herzens, der plötzlich erkennt, daß er ein Thronräuber ist, der sich unberechtigterweise auf einen fremden Thron gesetzt hat. Mag dies auch schmerzhaft sein, so ist es doch genau diese tiefe Bestürzung, die echte Buße bewirkt und einen gesunden Christen schafft, der entthront wurde und durch das Evangelium Vergebung und Frieden erfahren hat.

»Reinheit des Herzens ist es, etwas zu wollen«, sagte Kirkegaard, und wir könnten dieses Wort ohne weiteres umkehren und sagen: »Das Wesen der Sünde ist es, etwas zu wollen.« Denn unseren Willen gegen den Willen Gottes zu stellen heißt, Gott zu entthronen und uns selbst im Königreich unserer Seele zum Herrscher zu machen. Das ist die böse Wurzel der Sünde. Die Sünden können so zahlreich sein wie die Sandkörner am Meeresstrand, sie alle zusammen bilden nur die eine große Sünde. Sünden gibt es, weil es *die* Sünde gibt. Dies ist die Grundlage der von vielen geschmähten Lehre der natürlichen Verderbtheit des Menschen, die aussagt, daß der Mensch, der nicht zur Buße bereit ist, nichts anderes als sündigen kann und auch in seinen guten Werken nicht gut ist. Gott verwirft sogar seine besten fromm motivierten Werke, wie er einst Kains Opfer verwarf. Nur wenn der Mensch seinen Platz auf dem Thron Gott übergibt, werden seine Werke vor Gott angenehm.

Obwohl der Christ darum ringt, gut zu sein, lebt in ihm der Hang zur Selbstbestätigung als unbewußter moralischer Reflex weiter. Dies beschreibt der Apostel Paulus im siebten Kapitel seines Briefes an die Römergemeinde eindrücklich, und sein Zeugnis stimmt voll mit der Lehre der Propheten überein. 800 Jahre vor dem Kommen Christi identifizierte der Prophet Jesaja die Sünde als Auflehnung gegen den Willen Gottes und als Behauptung des Menschen, er habe ein Recht darauf, seinen eigenen Weg zu wählen. »Wir gingen alle in die Irre wie Schafe, ein jeder sah auf seinen Weg« (Jes 53,6). Ich glaube, es hat nie eine genauere Beschreibung der Sünde gegeben als diese.

Das Zeugnis der Heiligen deckt sich völlig mit dem der Propheten und Apostel. Es besagt, daß das Prinzip der Selbstsucht, die im Menschen liegt, das menschliche Verhalten bestimmt und alles, was die Menschen tun, in Böses verwandelt. Um uns ganz zu erretten, muß Christus unsere Natur umkehren. Er muß ein anderes Prinzip in uns legen, so daß unser neues Verhalten von dem Wunsche, die Ehre Gottes zu mehren und das Wohl unserer Mitmenschen zu fördern, geprägt ist. Die alten Ich-Sünden müssen sterben, und der einzige Weg, dies zu erreichen, ist das Kreuz. »Will mir jemand nachfolgen, der verleugne sich selbst und nehme sein Kreuz auf sich und folge mir« (Mt 16,24), sagte unser Herr, und Jahre später konnte Paulus sagen: »Ich lebe; doch nun nicht ich, sondern Christus lebt in mir« (Gal 2,20).

Mein Gott, soll Sünde ihre Macht behalten
Und in meiner Seele trotzig leben?
Es genügt nicht, daß Du vergibst;
Das Kreuz muß erhoben und das Ich erschlagen werden.

Du Gott der Liebe, offenbare Deine Macht!
Es genügt nicht, daß Christus emporsteigt.
Auch ich muß den erhellenden Himmel suchen
Und von den Toten auferstehen wie Christus auferstand.

GRIECHISCHES LIED

Kapitel 6

Gott genügt sich selbst

> Lehre uns, o Gott, daß Du nichts nötig hast. Würdest Du eines Dinges bedürfen, so würde daran Deine Unvollkommenheit gemessen werden. Wie könnten wir jemanden anbeten, der unvollkommen ist? Wenn Du nichts brauchst, brauchst Du auch niemanden, selbst uns nicht. Wir suchen Dich, weil wir Dich brauchen; denn in Dir leben, weben und sind wir. Amen.

»Der Vater hat das Leben in sich selber« (Joh 5,26), sagte unser Herr, und es ist charakteristisch für seine Art zu lehren, daß er in einem kurzen Satz eine Wahrheit ausspricht, die so unfaßbar hoch ist, daß sie die höchsten aller menschlichen Gedanken übersteigt. Gott, sagte er, ist sich selbst genug. Er ist das, was er ist, im wahrsten Sinne *in sich selbst*.

Was immer Gott ist, ist er in sich selbst. Alles Leben ist in und von Gott, ganz gleich, ob es die niedrigste Form unbewußten Lebens ist oder das bewußte, intelligente Leben der Seraphim. Kein Geschöpf besitzt Leben in sich selbst, alles Leben ist eine Gabe Gottes.

Umgekehrt ist Gottes Leben nicht die Gabe eines andern. Gäbe es jemanden, von dem Gott die Gabe des Lebens – oder irgendeine Gabe – empfangen könnte, so wäre dieser andere der tatsächliche Gott. Man kann sich Gott einfach als den Einen vorstellen, der alles hat, der alles gibt, was gegeben wird, der jedoch nichts empfangen kann, was er nicht vorher selbst gegeben hat.

Zu behaupten, Gott kenne ein Bedürfnis, würde bedeuten, die Unvollkommenheit des göttlichen Wesens einzugestehen. »Bedürfnis« ist ein Begriff, den Geschöpfe verwenden; dem Schöpfer ist er unbekannt. Gottes Beziehung zu allem Erschaffenen entspringt aus freiem Willen; er hat keine *notwendige* Beziehung zu irgend etwas außerhalb seiner eigenen Person. Das Interesse an seinen Geschöpfen liegt im Wohlgefallen des Herrschers begründet, nicht in irgendeinem Bedürfnis, das etwa durch diese Geschöpfe gestillt werden könnte, oder im Wunsche nach Ergänzung, die sie für ihn, der in sich doch vollständig ist, bedeuten könnten.

Wiederum müssen wir lernen umzudenken, das Gewohnte abzulegen und zu verstehen versuchen, was einzigartig und nur in dieser Situation allein wahr ist. Wir wissen alle, daß Geschöpfe Bedürfnisse haben. Nichts ist in sich selbst vollständig, sondern alles bedarf einer Ergänzung, um existieren zu können. Alles Atmende braucht Luft, jeder Organismus braucht Nahrung und Wasser. Nehme man Luft und Wasser von der Erde, würde alles Leben augenblicklich verderben. Man kann allgemein grundlegend festhalten, daß alles Erschafffene etwas anderes Erschaffenes braucht, um leben zu können, und daß alle Gott brauchen. Gott allein braucht nichts. Ein Fluß wird durch seine Zuflüsse immer größer; aber wo ist jener Zufluß, der den Einen vergrößern könnte, von dem alles kommt und dem die gesamte Schöpfung ihr Dasein verdankt?

Unergründbare See!
Alles Leben kommt aus Dir,
Und Dein Leben ist Deine selige Einigkeit.

Frederick W. Faber

Die Frage, warum Gott das Universum erschuf, macht denkenden Menschen noch immer zu schaffen. Aber wenn wir auch nicht wissen, warum er es tat, so wissen wir doch wenigstens, daß er seine Welten nicht ins Dasein rief, um sich selbst ein Bedürfnis zu befriedigen, so wie sich z. B. ein Mensch ein Haus baut, um sich gegen Kälte zu schützen, oder ein Kornfeld anlegt, um sich mit der notwendigen Nahrung zu versorgen. Das Wort *notwendig* ist Gott gänzlich unbekannt.

Da Gott als allerhöchstes Wesen über allem steht, kann er nicht noch mehr erhöht werden. Nichts steht über ihm, nichts geht über ihn hinaus. Für sein Geschöpf ist jede Regung zu ihm hin Erhöhung, jedes Abwenden von ihm Niedergang. Er hält seine Stellung kraft seines eigenen Vermögens und nicht durch irgend jemandes Erlaubnis. Niemand kann ihn befördern, niemand degradieren. Es steht geschrieben, daß er alle Dinge durch sein kräftiges Wort aufrechterhält. Wie kann er von etwas erhöht oder unterstützt werden, das nur durch ihn aufrechterhalten wird?

Wären alle Menschen plötzlich blind, würde dennoch am Tag die Sonne scheinen und die Sterne in der Nacht leuchten, denn diese sind all den Millionen, die aus ihrem Lichte Nutzen ziehen, in nichts verpflichtet. Genausowenig Einfluß hätte es auf Gott, würden alle Menschen auf Erden Atheisten. Was er ist, ist er in sich selbst, ungeachtet aller anderen. An Gott zu glauben bedeutet keine Ergänzung seiner Vollkommenheit, und an ihm zu zweifeln beeinträchtigt ihn nicht.

Der allmächtige Gott braucht – gerade weil er allmächtig ist – keine Unterstützung. Das Bild eines nervösen Gottes, der sich bei den Menschen einschmeichelt, um ihre Gunst zu gewinnen, ist gewiß nicht erfreulich. Aber genau dies sind die allgemeinen Vorstellungen, die man von Gott hat. Die Christenheit des 20. Jahrhunderts hat ihn zu einem Gott ihrer Gnaden gemacht. Unsere Meinung von uns selbst ist so hoch, daß wir es als leicht, ja sogar als angenehm empfinden, zu glauben, daß Gott unser bedarf. Aber die Wahrheit ist, daß Gott durch unsere Existenz nicht größer wird, genausowenig wie es ihm Abbruch tun würde, gäbe es uns nicht. Unsere Existenz ist ausschließlich auf Gottes freien Entschluß und Vorsatz zurückzuführen, nicht auf unseren Wert oder auf eine Notwendigkeit.

Am schwersten fällt uns durch unseren angeborenen Egoismus wohl der Gedanke, Gott könnte unsere Hilfe gar nicht nötig haben. Wir stellen Gott gewöhnlich als einen geschäftigen, eifrigen, irgendwie frustrierten Vater dar, der bei der Realisierung seines Plans, der Welt Frieden und Heil zu bringen, Hilfe benötigt. Doch in Wirklichkeit ist es so, wie Juliana von Norwich sagte: »Ich erkannte, daß gewißlich Gott alle Dinge tut, auch die Allergeringsten.«[15]

Der Gott, der alle Dinge wirkt, braucht bestimmt weder Hilfe noch Helfer.

Allzu viele Missionsaufrufe stützen sich auf diese vermeintliche Frustration des allmächtigen Gottes. Ein geübter Redner kann leicht Mitleid bei seinen Hörern wecken, Mitleid nicht nur für die armen Heiden, sondern auch für den Gott, der sich schon lange nachdrücklich, aber vergeblich, um deren Errettung bemüht hat, weil ihm die Unterstützung fehlte. Ich fürchte, daß Tausende junger Menschen als Beweggrund für ihren Dienst im Reiche Gottes die peinliche Lage, in der Gott steckt, sehen, in die ihn seine Liebe gebracht hat und aus der er mit seinen beschränkten Fähigkeiten ohne ihre Hilfe nicht mehr herauskommt. Fügt man dem noch ein gewisses Maß an löblichem Idealismus sowie eine gute Portion Erbarmen für die weniger Privilegierten hinzu, so findet man den wahren Antrieb, der heute hinter einem Großteil christlicher Aktivitäten steht.

Des weiteren braucht Gott auch keine Verteidiger. Er ist der ewig »Unverteidigte«. Gott gebraucht in der Bibel öfters solche militärische Ausdrücke, damit wir ihn besser verstehen. Dies darf uns jedoch keinesfalls zu der Meinung verleiten, der Thron der allerhöchsten Majestät befände sich im Belagerungszustand und würde von Michael und seinen Engeln gegen die heftigen Angriffe von außen verteidigt. Damit hätten wir alles, was uns die Bibel über Gott sagt, mißverstanden. Weder das Judentum noch das Christentum könnten solch naive Vorstellungen gutheißen. Ein Gott, der verteidigt werden muß, könnte uns nur dann helfen, wenn auch ihm jemand hülfe. Wir könnten nur dann auf ihn zählen, wenn er die gewaltige Auseinandersetzung zwischen Gut und Böse gewänne. Solch ein Gott könnte niemals den Respekt intelligenter Menschen gewinnen, sondern nur ihr Mitleid erregen.

Um auf den rechten Weg zu kommen, muß unser Denken von Gott seiner würdig sein. Es ist unbedingt notwendig, alle unangebrachten Vorstellungen über die Gottheit aus unserm Sinn zu verbannen und Gott so sein zu lassen, wie er wirklich ist. Die christliche Religion hat mit Gott *und* dem Menschen zu tun. Aber nicht der Mensch steht im Brennpunkt, sondern Gott. Der Mensch kann sich nur aufgrund seiner Gottebenbildlichkeit Bedeutung zumessen; in sich selbst ist er nichts. Die Psalmisten und Propheten der Bibel sprechen betrübt spottend vom schwachen Menschen, der wie ein Grashalm ist, der am Morgen blüht und sproßt und des Abends welkt und verdorrt. Die Bibel lehrt nachdrücklich, daß Gott selbst unbedingt ist und der Mensch allein zu Gottes Verherrlichung existiert. Wie im Himmel, so muß die Ehre Gottes auch auf Erden absolute Priorität besitzen.

All das läßt uns immer besser verstehen, warum die Heilige Schrift so viel über die lebensnotwendige Bedeutung des Glaubens zu sagen hat und den Unglauben als eine Todsünde brandmarkt. Keines der erschaffenen Wesen dürfte es wagen, auf sich selbst zu vertrauen. Gott allein vertraut auf sich selbst, wie auch alle anderen Wesen auf ihn vertrauen müssen. Unglaube ist in Wirklichkeit verkehrter Glaube; denn er setzt sein Vertrauen nicht auf den lebendigen Gott, sondern auf sterbliche Menschen. Der Ungläubige leugnet die Selbstgenügsamkeit Gottes und nennt Eigenschaften sein eigen, die ihm nicht gehören. Diese zweifache Sünde verunehrt Gott und zerstört letztlich die Seele des Menschen.

In seiner Liebe und in seinem Erbarmen kam Gott in Christus zu uns. Das war der konsequente Glaube der Gemeinde zur Zeit der Apostel, der bis heute in der christlichen Lehre der Fleischwerdung Gottes festgehalten wird. Seit einiger Zeit jedoch hat sich hier im Gegensatz zum Glauben der Urchristen eine Bedeutungswandlung und auch -minderung eingeschlichen. Der Mensch Jesus wird in seiner Menschlichkeit mit Gott gleichgesetzt, und all seine menschlichen Schwachheiten und Grenzen werden auf die Gottheit übertragen. Die Wahrheit ist, daß der Mensch, der unter uns lebte, nicht eine offene Darstellung der Gottheit, sondern eines vollkommenen Menschseins war. Die schreckenerregende Majestät der Gottheit wurde zum Schutz der Menschheit in barmherziger Weise mit dem Mantel menschlicher Natur verhüllt. »Steig hinab«, befahl Gott Mose auf dem Berge, »und verwarne das Volk, daß sie nicht durchbrechen zum Herrn, ihn zu sehen, und viele von ihnen fallen« (2 Mo 19,21). Und später: »Kein Mensch wird leben, der mich sieht« (2 Mo 33,20).

Unter den heutigen Gläubigen scheint man Christus oft nur als Mensch zu kennen. Sie versuchen, in Gemeinschaft mit ihm zu kommen, indem sie ihn seiner verzehrenden Heiligkeit und unnahbaren Majestät berauben und damit auch jener Eigenschaften, die er während seines Erdendaseins verhüllte, aber in ganzer Herrlichkeit wieder an sich nahm, als er in den Himmel auffuhr und sich zur Rechten seines Vaters setzte. Der Christus des allgemeinen Christentums hat ein mattes Lächeln und einen Heiligenschein. Er ist zu »Einem-dort-Oben« geworden, der die Menschen gern hat – zumindest einige –, und diese sind ihm dafür zwar dankbar, aber es beeindruckt sie nicht sonderlich. Wenn sie ihn brauchen, braucht er bestimmt auch sie.

Wir sollten nun jedoch keinesfalls den Schluß ziehen, das Verständnis der göttlichen Selbstgenügsamkeit lähmte die christliche Aktivität. Im Gegenteil, sie regt sie zu einem heiligen Bemühen an. Diese Eigenschaft Gottes, die das menschliche Selbstvertrauen in seine Schranken verweist, kann unseren Sinn von der erdrückenden Last der Sterblichkeit befreien und uns ermutigen, das leichte Joch Christi auf uns zu nehmen und uns unter der Führung des Heiligen Geistes zur Ehre Gottes und für das Wohl der Menschheit hinzugeben. Es ist wunderbar, daß Gott, der niemanden nötig hat, sich in seiner Herrlichkeit herabneigt, um in seinen Kindern und durch sie zu wirken.

Sollte dies alles widersprüchlich scheinen – amen, so sei es also! Einzelne Teile dieser Wahrheit stehen zueinander im Gegensatz und manchmal wird von uns verlangt, an diese scheinbaren Widersprüche zu glauben. Aber wir warten auf den Augenblick, wo wir erkennen werden, wie wir erkannt worden sind. Dann wird sich solch eine Wahrheit, die für uns noch widersprüchlich erscheint, als in sich geschlossen und harmonisch erweisen. Wir werden erkennen, daß dieser Konflikt in unserem von der Sünde geschädigten Sinn begründet lag.

Bis dahin finden wir Erfüllung im liebenden Gehorsam gegenüber den Geboten Christi und den vom Geist gegebenen Ermahnungen der Apostel. »Gott ist's, der in euch wirkt« (Phil 2,13). *Er ist auf niemanden angewiesen*, aber wo Glaube ist, *kann er jeden gebrauchen*. Voraussetzung für gesundes geistliches Leben ist, daß wir beide Teile dieses Satzes akzeptieren. Viele Jahre lang wurde der erste fast vollständig in den Hintergrund gedrängt. Das brachte für uns einen tiefen geistlichen Schaden mit sich.

Quelle des Guten, aller Segen fließt von Dir;
Keinen Mangel kennt Deine Fülle;
Was kannst Du außer Dir selbst begehren?
Doch selbstgenügsam, wie Du bist,
Begehrst Du mein unwürdiges Herz;
Dies, dies allein verlangst Du.

Johann Scheffler

Kapitel 7

Die Ewigkeit Gottes

Heute erkennen unsere Herzen mit Freuden, was unser Verstand nie völlig erfassen kann – Deine Ewigkeit, o Allmächtiger. Bist Du nicht von Ewigkeit her gewesen, o Herr, mein Gott, Du Heiliger?

Ewiger Vater, wir beten Dich an, dessen Jahre kein Ende haben; und Dich, den geliebten eingeborenen Sohn, der von Ewigkeit her gewirkt hat; wir ehren auch Dich, ewiger Geist, und beten Dich an, der Du vor Grundlegung der Welt in gleicher Herrlichkeit mit dem Vater und dem Sohn lebtest und liebtest.

Erweitere und reinige unsere Herzen, damit sie würdige Wohnungen Deines Geistes seien, Du, der Du ein aufrichtiges und reines Herz allen Tempeln vorziehst. Amen.

Der Begriff der Ewigkeit zieht sich durch die gesamte Bibel hindurch und nimmt im orthodoxen jüdischen und christlichen Denken eine wichtige Stellung ein. Würden wir ihn verwerfen, wäre es uns ganz unmöglich, die Gedanken der Propheten und Apostel nachzuvollziehen, denn sie waren von den Gedanken an eine Ewigkeit erfüllt.

Da das Wort *ewig* von den Schreibern der Bibel manchmal im Sinne von »lange andauernd« gebraucht wird (wie z. B. in 1 Mo 49,26: »... die ewigen Hügel«), sind einige Leute der Meinung, der Gedanke der unendlichen Existenz sei nicht von dem abzuleiten, was die biblischen Autoren mit diesem Wort gemeint hätten, sondern erst später von den Theologen eingeführt worden. Dieser schwerwiegende Irrtum entspringt – meiner Meinung nach – einer fehlenden ernsthaften Wissenschaftlichkeit. Durch diese Argumentation flüchten einige Bibelausleger vor der Lehre der ewigen Bestrafung. Sie lehnen die Idee ewiger Vergeltung ab und sind deshalb dazu gezwungen, die ganze Vorstellung einer Endlosigkeit zu schwächen. Das ist nicht das einzige Beispiel dafür, wie Menschen versuchen, klare Aussagen zu verändern, um damit alle Beweise gegen ihren Irrtum zu vernichten.

Die Wahrheit ist, daß selbst, wenn die Bibel nicht die Ewigkeit Gottes wortwörtlich lehren würde, wir trotzdem nicht daran vorbeikämen, sie aus seinen anderen Eigenschaften abzuleiten. Gäbe es in der Heiligen Schrift kein Wort für Ewigkeit, so müßten wir notwendigerweise eines erfinden, um damit ein Konzept, das überall in der Schrift vorausgesetzt wird, in Worte fassen zu können.

Der Gedanke der Endlosigkeit ist für das Reich Gottes von so grundlegender Bedeutung wie der Kohlenstoff für die Natur. So wie der Kohlenstoff als wesentliches Element in fast allen lebenden Stoffen vorhanden ist und sie mit Energie versorgt, so ist eine Auffassung von Endlosigkeit notwendig, um jeder christlichen Lehre Sinn zu verleihen. Ich kenne keinen Lehrsatz des christlichen Glaubensbekenntnisses, der ohne den Ewigkeitsgedanken seinen Sinn bewahren könnte. »Du bist, Gott, von Ewigkeit zu Ewigkeit« (Ps 90,2), sagte Mose, vom Geist erfüllt. Der Verstand blickt, so weit er vermag, in die Vergangenheit zurück, und wendet dann seinen Blick in die Zukunft, so weit es ihm sein Vorstellungs- und Denkvermögen ermöglicht. Gott, bei dem es keine Vergangenheit und Zukunft gibt, ist sowohl hier wie dort.

Zeit markiert den Anfang der Existenz der Geschöpfe; da Gott nie zu existieren begann, ist sie auf ihn auch nicht anwendbar. *Beginnen* ist ein Zeit-Wort und besitzt daher für den Höchsten, der in der Ewigkeit wohnt, keine persönliche Bedeutung.

> Kein Alter kann Dich mit Jahren beladen;
> Lieber Gott! Du bist selbst Deine eigene Ewigkeit.
>
> FREDERICK W. FABER

Weil Gott im immerwährenden »Jetzt« lebt, hat er keine Vergangenheit und keine Zukunft. Zeitbegriffe, die in der Bibel gebraucht werden, beziehen sich auf unsere, nicht auf seine Zeit. Die vier Gestalten, die Tag und Nacht vor dem Throne Gottes rufen: »Heilig, heilig, heilig ist Gott der Herr, der Allmächtige, der da war und der da ist und der da kommt!« (Offb 4,8), identifizieren Gott mit der Lebensform seiner Geschöpfe und deren drei Zeitformen. Das ist richtig und gut so; denn Gott selbst will dies. Da Gott jedoch unerschaffen ist, bleibt er von den aufeinanderfolgenden Wechseln, die wir *Zeit* nennen, unberührt.

Gott lebt in der Ewigkeit, die Zeit dagegen wohnt in ihm. Gott hat schon unsere ganze Zukunft, sowie auch unsere Vergangenheit durchlebt. Vielleicht hilft uns hier ein Versuch von C. S. Lewis, dies zu veranschaulichen. Er schlägt vor, sich die Ewigkeit als ein unendlich großes Blatt Papier vorzustellen. Eine kurze Linie, die man auf diesem Blatt zieht, bedeutet die Zeit. So wie diese Linie auf dem unendlich großen Blatt beginnt und endet, so begann die Zeit in Gott und wird auch in Gott enden.

Daß Gott zu Beginn der Zeit erscheint, ist nicht allzu schwer zu verstehen. Aber daß er am Anfang und am Ende der Zeit *gleichzeitig* erscheint, ist nicht so leicht zu fassen. Dennoch ist es wahr. Wir Menschen verstehen Zeit als eine Abfolge von Ereignissen, und mit ihrer Hilfe erklären wir uns aufeinanderfolgende Veränderungen im Universum. Veränderungen geschehen nicht alle auf einmal, sondern eine nach der andern, und es ist das Verhältnis vom *Nachher* zum *Vorher*, welches uns den Zeitbegriff vermittelt. Wir warten darauf, daß die Sonne von Osten nach Westen zieht oder daß sich der Stundenzeiger auf dem Zifferblatt im Kreis bewegt. Aber Gott ist nicht auf ein solches Warten angewiesen, bei ihm ist alles zukünftige Geschehen bereits vollendet.

Deshalb kann Gott sagen: »Ich bin Gott, und sonst keiner mehr, ein Gott, dem nichts gleicht. Ich habe von Anfang an verkündigt, was hernach kommen soll, und vorzeiten, was noch nicht geschehen ist« (Jes 46,9 f.). Er sieht beides, Anfang und Ende, mit einem Blick. »Denn unendliche Dauer, das Wesen der Ewigkeit, umschließt alles Aufeinanderfolgen«, sagt Nikolaus von Kues, »und alles, was für uns wie ein zeitliches Nacheinander aussieht, ist für deinen Begriff immer jetzt... Weil du Gott der Allmächtige bist, wohnst du in den Menschen des Paradieses, und diese Mauern sind ein zeitliches Zusammenfallen von früher oder später, wo das Ende eins ist mit dem Anfang und wo das Alpha und Omega dasselbe ist... Denn *jetzt* und *dann* fallen innerhalb der Mauern des Paradieses zusammen. O mein Gott, du Absoluter und Ewiger, du bist und sprichst jenseits von Gegenwart und Vergangenheit.«[16]

Als Mose hochbetagt war, schrieb er Psalm 90, aus dem in diesem Kapitel schon zitiert wurde. Darin besingt er die Ewigkeit Gottes. Für ihn ist diese Wahrheit eine feststehende theologische Tatsache, so fest und unerschütterlich wie der ihm so vertraute Berg Sinai. Sie enthielt für ihn eine doppelte praktische Bedeutung: Da Gott ewig ist, wird er stets das einzige Zuhause seiner von der Zeit getriebenen Kinder sein. »Herr, du bist unsre Zuflucht für und für.« Der zweite Gedanke ist weniger tröstend: Gottes Ewigkeit ist unendlich und unsere Jahre auf Erden sind gezählt – wie sollen wir dabei mit unseren Händen etwas Bleibendes schaffen können? Wie sollen wir der steten Wiederholung von Geschehnissen entgehen, die uns zermürben und an den Rand der Erschöpfung und Zerstörung bringen? Dieser ganze Psalm spricht über Gott, und so ist er es auch, den Mose wehmütig anruft: »Lehre uns bedenken, daß wir sterben müssen, auf daß wir klug werden« (Ps 90,12). Möge das Wissen um deine Ewigkeit, o Gott, für mich nicht umsonst sein!

Von uns, die wir in dieser hektischen Zeit leben, wäre es weise, oft und lange in der Gegenwart Gottes und an der Schwelle zur Ewigkeit über unser Leben und unsere Zeit nachzudenken. Denn wir sind für die Ewigkeit ebenso gemacht wie für die Zeit hier auf Erden, und als verantwortliche sittliche Wesen müssen wir uns mit beiden befassen.

Für die Ewigkeit erschaffen und trotzdem gezwungen zu sein, in der Zeit zu leben, ist für die Menschheit eine Tragödie großen Ausmaßes. Alles in uns schreit nach Leben und Beständigkeit, und alles um uns her erinnert uns an Sterblichkeit und Wechsel. Dennoch ist die Tatsache, daß Gott uns für die Ewigkeit gemacht hat, beides: Herrlichkeit und Prophezeiung – eine Herrlichkeit, die Wirklichkeit werden wird, und eine Prophezeiung, die noch erfüllt werden wird.

Ich hoffe, daß man es nicht für unnötig hält, wenn ich hier nochmals auf das Bild Gottes im Menschen, auf diesen Grundpfeiler christlicher Theologie, zurückkomme. Die Merkmale des Abbildes Gottes sind durch die Sünde so unkenntlich gemacht worden, daß sie nicht leicht wiederzuerkennen sind. Aber ist es nicht vernünftig zu glauben, daß eines dieser Merkmale das unersättliche Verlangen des Menschen nach Unsterblichkeit ist?

> Du wirst uns nicht im Staube liegenlassen
> Du hast den Menschen geschaffen, er weiß nicht warum;
> Er denkt, er sei nicht zum Sterben erschaffen,
> Du hast ihn gemacht: Du bist gerecht!
>
> TENNYSON

Das Abbild Gottes im Menschen läßt, vielleicht auch nur schwach, einen jeden beständig auf eine Fortdauer seiner Existenz hoffen. Trotzdem kann er sich nicht freuen; denn das Licht des Verstandes, das alle Menschen erleuchtet, die in diese Welt kommen, beunruhigt sein Gewissen, indem es ihn durch Beweise seiner Schuld und die Gewißheit des Sterbens erschreckt. So wird er zwischen Hoffnung und Furcht hin- und hergerissen.

Doch genau an diesem Punkt erscheint die herrliche Botschaft des Evangeliums. Jesus Christus hat »dem Tode die Macht genommen und das Leben und ein unvergängliches Wesen ans Licht gebracht... durch das Evangelium« (2 Tim 1,10). Dies schreibt Paulus kurz bevor er zur Hinrichtung geführt wird. Gottes Ewigkeit und die Sterblichkeit des Menschen machen uns deutlich, daß es uns nicht einfach freigestellt ist, an Jesus Christus zu glauben oder ihn abzulehnen. Für jeden Menschen gilt die Entscheidung: entweder der Glaube an Christus oder eine ewige Verdammnis. Unser Herr kam aus der Ewigkeit, um seine Brüder zu retten, deren moralisches Fehlen sie nicht nur zu Toren der vergänglichen Welt, sondern auch zu Sklaven der Sünde und des Todes gemacht hat.

> Ein kurzes Leben ist hier unser Anteil,
> Kurzer Kummer, kurze Sorge;
> Das Leben, das kein Ende kennt,
> Das Leben ohne Tränen ist dort.
>
> Dort werden wir Gott, unseren König
> In der Fülle Seiner Gnade
> Dann immer sehen
> Und von Angesicht zu Angesicht anbeten.
>
> BERNHARD VON CLUNY

Kapitel 8

Gottes Unendlichkeit

Unser himmlischer Vater, laß uns Deine Herrlichkeit schauen – im Schutze der Felsenkluft und in der Sicherheit Deiner bewahrenden Hand. Ganz gleich, ob uns dies den Verlust von Freunden, Gütern oder Lebenstagen bringt, laß uns Dich erkennen, wie Du bist, damit wir Dich anbeten, wie wir es sollten. Im Namen Jesu Christi, unseres Herrn. Amen.

Die Welt liegt im argen. Es bleibt uns immer weniger Zeit, und die Herrlichkeit Gottes ist von der Gemeinde gewichen, wie sich die Feuerwolke in der Vision des Propheten Hesekiel von der Tür des Tempels emporhob.

Der Gott Abrahams hat seine spürbare Gegenwart von uns zurückgezogen, und ein anderer Gott, den unsere Väter nicht kannten, richtet sich bei uns ein. Diesen Gott haben wir uns selbst gemacht, und weil wir ihn selbst gemacht haben, können wir ihn verstehen. Weil wir ihn selbst gemacht haben, kann er uns weder überraschen noch überwältigen, weder in Erstaunen versetzen noch uns übertreffen.

Der Gott der Herrlichkeit hat sich manchmal wie eine Sonne geoffenbart, um zu wärmen und zu segnen, aber oft auch, um zu erstaunen, zu überwältigen und zu blenden, bevor er heilte und bleibendes Augenlicht schenkte. Dieser Gott unserer Väter will ausdrücklich auch der Gott ihrer Nachkommen sein. Wir brauchen ihm nur in Liebe, Glauben und Demut eine Wohnung zu bereiten. Wir müssen ihn nur wirklich haben wollen, und er wird kommen und sich uns offenbaren.

Schenken wir doch den ermahnenden Worten eines so gottesfürchtigen und aufmerksamen Mannes wie Anselm von Canterbury Gehör: »Wohlan jetzt, Menschlein, entfliehe ein wenig deinen Beschäftigungen ... Wirf ab jetzt deine drückenden Sorgen und stelle zurück die mühevollen Geschäfte. Sei frei ein wenig für Gott und ruhe ein bißchen in ihm. ›Tritt ein in die Kammer‹

deines Herzens, halte fern alles außer Gott und was dir hilft, ihn zu suchen, ›nach Schließung der Türe‹ suche ihn. ›Sprich‹ jetzt, ›mein ganzes Herz‹, sprich jetzt zu Gott: ›Ich suche dein Antlitz: dein Antlitz, Herr, suche ich.‹«[17]

Von allem, was über Gott gesagt und gedacht werden kann, ist seine Unendlichkeit am schwersten zu erfassen. Schon der Versuch, sie sich vorzustellen, erscheint widersprüchlich, denn dies in Worte fassen zu wollen erfordert von uns etwas, von dem wir von Anfang an wissen, daß wir es nie schaffen. Trotzdem müssen wir es versuchen, denn die Heilige Schrift lehrt uns, daß Gott unendlich ist, und wenn wir seine anderen Eigenschaften akzeptieren, müssen wir auch diese annehmen.

Wir dürfen uns beim Bemühen um Verstehen nicht deshalb abhalten lassen, weil der Weg schwierig ist und es keine Hilfe beim Aufstieg gibt. Weiter oben ist die Aussicht viel besser, aber dies ist kein Fußweg, sondern das Herz muß ihn gehen! Laßt darum Gedanken und Geist sich so hoch emporschwingen, wie Gott es uns in seinem Wohlgefallen gewährt; wissend, daß der Herr oft den Blinden sehen läßt und den Unmündigen Wahrheiten offenbart, von denen sich die Weisen und Klugen nie träumen ließen. Jetzt müssen die Blinden sehen und die Tauben hören. Jetzt müssen wir erwarten, die heimlichen Schätze und die verborgenen Kleinode zu empfangen!

Unendlichkeit bedeutet Unbegrenztheit, und es ist offensichtlich für den begrenzten Verstand unmöglich, den Unbegrenzten zu erfassen. Auch in diesem Kapitel werden wir wieder mit dem Dilemma konfrontiert, dessen Ursache bereits oben angedeutet wurde. Wir bemühen uns, uns eine Wesensart vorzustellen, die völlig fremd und allem unähnlich ist, was wir in unserer Welt von Materie, Raum und Zeit kennen.

»Hier und bei all unserem Nachsinnen über die Eigenschaften des Wesens Gottes«, schreibt Novatian, »fehlt uns die dafür notwendige Vorstellungskraft, und menschliche Worte reichen nicht aus, um seine Größe darzustellen. Beim Betrachten und Beschreiben seiner Majestät verstummt alle Beredtsamkeit und erweist sich alle geistige Anstrengung als ungenügend. Er ist größer als jede Sprache, und keine Aussage vermag ihn zu erfassen. Wäre es möglich, ihn mit Worten zu beschreiben, so wäre er in Wirklichkeit geringer als die menschliche Sprache. Alle Gedanken, die wir uns über ihn machen, werden seine Größe nie erfassen können, und unsere hochtrabendsten Äußerungen werden im Vergleich mit seinem wirklichen Wesen Belanglosigkeiten sein.«[18]

Unglücklicherweise hat man sich nicht immer an die genaue Bedeutung des Wortes »*unendlich*« gehalten, sondern es einfach sorglos im Sinne von »*viel*« oder »*eine große Menge*« gebraucht. So sagen wir z. B., der Künstler gibt sich unendliche Mühe mit seinem Bild, oder eine Lehrerin zeigt unendliche Geduld mit ihrer Klasse. Genaugenommen kann das Wort nicht für etwas Erschaffenes verwendet werden, sondern dessen Bedeutung trifft ausschließlich auf Gott zu. Auch eine Diskussion darüber, ob der Weltraum unendlich sei, ist nur ein Wortspiel. Unendlichkeit steht nur dem Einen zu.

Wenn wir sagen, daß Gott unendlich ist, meinen wir damit, daß er keine Grenzen hat. Auch in diesem Punkt müssen wir uns vom gewohnten Wortsinn lösen. »Grenzenloser Reichtum« und »unerschöpfliche Energie« sind weitere Beispiele für den Mißbrauch von Worten. Natürlich gibt es keinen Reichtum, der unbegrenzt ist, und keine Energie, die unerschöpflich ist, es sei denn, wir sprechen vom Reichtum und der Energie Gottes.

Zu sagen, daß Gott unendlich ist, heißt, daß er unermeßbar ist. Erschaffene Dinge sind meßbar, das heißt, daß Begrenzungen und Unvollkommenheiten sie bestimmen. Wir sind vertraut mit Maßen für Gewichte, Entfernungen, Längen, Flüssigkeiten, Energie, Ton, Licht und Mengenangaben. Auch abstrakte Qualitäten versuchen wir zu messen, indem wir z. B. von großem oder kleinem Glauben, von niedriger oder hoher Intelligenz sprechen.

Es ist doch leicht verständlich, daß all dies nicht auf Gott anwendbar ist und sein kann, denn dies ist die Art und Weise, wie wir die Schöpfung betrachten sollen, jedoch nicht den Schöpfer selbst. Gott steht außerhalb und jenseits all dieser Dinge. Mit unseren Maßstäben können wir Berge und Menschen, Atome und Sterne, Schwerkraft, Energie und Geschwindigkeit erfassen, niemals jedoch Gott. Im Zusammenhang mit ihm können wir nicht von Maß oder Menge, Größe oder Gewicht sprechen, denn damit beschreiben wir Wachstum, Hinzuführung oder Entwicklung.

Dies entspricht nicht dem Wesen Gottes, denn in ihm gibt es nicht weniger oder mehr, größer oder kleiner. Er ist, was er in sich selbst ist – einfach Gott.

In der uns erschreckenden Tiefe des Göttlichen könnten Eigenschaften verborgen liegen, von denen wir nichts wissen, die aber für uns nicht von Bedeutung sind, so wie z. B. die Gnade und Barmherzigkeit Gottes keine persönliche Bedeutung für die Cherubim und Seraphim besitzen. Diese heiligen Wesen können, auch wenn sie diese Eigenschaften Gottes kennen, sie nicht selbst erfahren, weil sie nicht gesündigt haben wie wir Menschen und darum auch nicht der Barmherzigkeit und Gnade bedürfen. So gibt es – davon bin ich überzeugt – noch andere Eigenschaften des Wesens Gottes, die er nicht einmal seinen erlösten und vom Geist erleuchteten Kindern offenbart. Diese verborgene Seite der Natur Gottes betrifft niemanden außer ihn selbst. Es besteht für uns keine Veranlassung, das zu entdecken zu versuchen, was er uns nicht geoffenbart hat.

Dich selbst immer füllend
Mit selbstentzündeter Flamme,
Aus Dir selbst gewinnst Du
Kräfte ohne Namen!
Ohne Anbetung der Geschöpfe,
Ohne Verschleierung Deines Gesichtes,
Bleibst Du, Gott, immer derselbe!

FREDERICK W. FABER

Doch Gottes Unendlichkeit ist uns bekannt. Das Wissen darüber ist uns zu unserem eigenen Nutzen mitgeteilt worden. Aber *was* bedeutet dies für uns, abgesehen von dem Staunen, das uns befällt, wenn wir darüber nachdenken? Eine ganze Menge, und das um so mehr, je besser wir uns selbst und Gott kennenlernen.

Weil Gottes Wesen unendlich ist, ist auch alles daraus Entspringende unendlich. Wir armseligen menschlichen Geschöpfe sind ständig dadurch frustriert, daß uns Beschränkungen von außen und innen auferlegt werden. Unsere Lebenszeit ist knapp bemessen, und unsere Tage fliegen in Windeseile dahin. Das Leben ist kurz und scheint uns wie ein ständiges Proben für ein Konzert zu sein, das wir nicht einmal mehr miterleben können. Haben wir es endlich zu einem gewissen Können gebracht, werden wir gezwungen, unsere Instrumente niederzulegen. Es ist einfach nicht genügend Zeit vorhanden, um mit unserem Denken, Werden und Vollbringen es dazu zu bringen, wozu wir aufgrund unserer Natur fähig wären.

Wie befriedigend ist es dagegen, sich von unseren Begrenzungen weg zu einem Gott hinzuwenden, der selbst keine kennt! Die Ewigkeit ruht in seinem Herzen. Für ihn vergeht die Zeit nicht, sie bleibt; und diejenigen, die in Christus sind, teilen mit ihm all den Reichtum unbegrenzter Zeit und unendlicher Jahre. Gott ist nie in Eile; es gibt keine Termine, auf die er zu achten hat. Schon das Wissen darum beruhigt unsern Geist und entspannt unsere Nerven. Einem Menschen, der nicht in Christus ist, erscheint die Zeit wie ein hungriges, wildes Tier. Den Söhnen der neuen Schöpfung jedoch ist die Zeit untertan; aus dem ehemaligen Feind des alten Menschen wird dem neuen ein Freund. Selbst die Sterne in ihrem Lauf kämpfen für den Menschen, der Gott ehrt (Ri 5,20). Dies alles dürfen wir aus der göttlichen Unendlichkeit lernen.

Das ist jedoch noch nicht alles! Gottes Gaben der Natur haben ihre Begrenzungen, sie sind begrenzt, weil sie erschaffen sind. Doch die Gabe des ewigen Lebens in Christus Jesus ist so unbegrenzt wie Gott selbst. Der gläubige Mensch besitzt Gottes eigenes Leben und hat Anteil an dessen Unendlichkeit. In Gott ist genug Leben für alle und genügend Zeit, um sich daran zu erfreuen. Natürliches Leben durchläuft einen Zyklus von der Geburt bis zum Tod und hört dann auf zu sein, das Leben Gottes jedoch ruht in sich selbst und endet nie. Das ist das ewige Leben: den einzig wahren Gott zu erkennen und Jesus Christus, den er gesandt hat (Joh 17,3).

Auch die Gnade Gottes ist unendlich. Jeder Mensch, der erfahren hat, wie sehr die eigene Schuld schmerzen kann, weiß, daß dies keine leeren Worte sind. »Wo aber die Sünde mächtig geworden ist, da ist doch die Gnade noch viel mächtiger geworden« (Röm 5,20). Mächtige Sünde ist der Schrecken der Welt, aber mächtige Gnade ist die Hoffnung für die Menschheit. Wie mächtig die Sünde auch sein mag, sie hat ihre Grenzen; denn sie ist das Resultat vergänglicher Sinne und Herzen. *Aber Gottes Viel-*

Mächtiger macht uns mit der Unendlichkeit bekannt. Den schweren Krankheiten seiner Geschöpfe steht Gottes unendliche Heilungsfähigkeit gegenüber.

Das Zeugnis der Christen lautete durch die Jahrhunderte: »Also hat Gott die Welt geliebt ...« (Joh 3,16). Es ist an uns, diese Liebe im Lichte der Unendlichkeit Gottes zu sehen. Seine Liebe ist unermeßlich, ja noch mehr: sie ist grenzenlos, weil sie eine Eigenschaft Gottes ist. Gott *ist* Liebe, und weil er unendlich ist, hat diese Liebe Raum für die gesamte Welt und 10000 mal 10000 Welten zusätzlich.

> Dies, dies ist der Gott, den wir anbeten!
> Unseren treuen, unveränderlichen Freund,
> Dessen Liebe so groß ist, wie seine Macht,
> Keine kennt Grenze noch Ende!
>
> Jesus ist es, der Erste und Letzte,
> Dessen Geist uns sicher nach Hause führt;
> Ihn preisen wir für alles Vergangene,
> Und Ihm vertrauen wir in allem, was kommt.
>
> JOSEPH HART

KAPITEL 9

Die Unveränderlichkeit Gottes

O Christus, unser Herr, Du warst unsere Zuflucht durch alle Generationen. Wie die Kaninchen in ihren Bau, so flüchten wir zu Dir, um Schutz zu suchen. Wie Vögel auf ihrem Zug, so fliegen wir zu Dir, um Frieden zu finden. Zufall und Veränderung treten in unserer kleinen, natürlichen und menschlichen Welt häufig auf, doch bei Dir gibt es keine Unbeständigkeit oder den Schatten der Veränderung. Wir ruhen in Dir ohne Furcht und Zweifel und sehen dem Morgen ohne Besorgnis entgegen. Amen.

Die Unveränderlichkeit gehört zu den weniger schwer zu verstehenden Eigenschaften Gottes. Doch um sie erfassen zu können, müssen wir unsere gewohnte Denkweise, die wir erschaffenen Dingen gegenüber anwenden, ablegen und uns um eine neue bemühen.

Wenn wir sagen, Gott sei unveränderlich, heißt das, daß er immer gleich bleibt. Die Vorstellung von einem wachsenden oder sich entwickelnden Gott ist der Heiligen Schrift fremd. Der Gedanke, daß Gott sich in irgendeiner Weise verändert, scheint mir aus folgendem Grunde undenkbar zu sein:

Ein sittliches Wesen kann sich in drei Richtungen verändern: vom Besseren zum Schlechteren, vom Schlechteren zum Besseren, oder – bei gleichbleibender Qualität – von der Unreife zur Reife. Uns sollte klar sein, daß Gott sich in keine dieser Richtungen bewegt, denn seine Vollkommenheit schließt eine solche Möglichkeit für immer aus.

Gott kann sich nicht zum Besseren verändern. Da er vollkommen heilig ist, war er nie weniger heilig, als er es jetzt ist, und er kann nie heiliger sein, als er es immer war. Ebensowenig kann Gott sich zum Schlechteren verändern. Eine Verschlechterung des unaussprechlich heiligen Wesens Gottes ist unmöglich. Ich glaube sogar, daß es unmöglich ist, an so etwas überhaupt zu denken, denn wenn wir das tun, ist der Gegenstand unseres Denkens nicht mehr Gott, sondern etwas, das geringer ist als er.

So wie es keine Veränderung der Moral Gottes geben kann, so kann es auch in seinem göttlichen Wesen keine geben. Das Wesen Gottes ist einzigartig im wörtlichsten Sinne, das heißt, es ist verschieden von allen anderen Wesen. Wir haben gesehen, wie sich Gott von seinen Geschöpfen dadurch unterscheidet, daß er unbedingt, selbstgenügsam und ewig ist. Aufgrund dieser Eigenschaften ist Gott Gott und nicht irgendein anderes Wesen. Jemand, der auch nur der geringsten Veränderung unterworfen ist, ist nicht unbedingt, selbstgenügsam und ewig und damit auch nicht Gott.

Nur ein aus Teilen zusammengesetztes Wesen kann sich verändern; denn eine Veränderung ist im Grunde eine Verschiebung der Beziehung der Teile zueinander oder das Hinzutreten eines fremden Elementes zur ursprünglichen Zusammensetzung. Da Gott unbedingt ist, das heißt, in sich selbst besteht, kann er nicht zusammengesetzt sein. Es gibt nichts an ihm, was zu verändern wäre, und da er selbstgenügsam ist, kann von außen nichts in sein Wesen eindringen.

»Was aus Teilen zusammengefügt ist«, sagt Anselm von Canterbury, »ist durchaus nicht eines, sondern irgendwie mehreres und verschiedenartig von sich selber und kann – sei es wirklich oder gedanklich – zerlegt werden; das ist dir fremd . . . Es gibt also keine Teile in dir, Herr, noch bist du mehreres, sondern so sehr bist du etwas Eines und dir selber Gleiches, daß du in nichts dir selber unähnlich bist; vielmehr bist du die Einheit selber, durch keinen Verstand teilbar.«[19]

»Alles, was Gott ist, ist er immer gewesen, und alles, was er gewesen ist und jetzt ist, wird er immer sein.« Von dem, was Gott über sich selbst ausgesagt hat, unterliegt nichts der Veränderung; auch das, was die inspirierten Propheten und Apostel über ihn ausgesagt haben, wird niemals aufgehoben. Dies garantiert uns seine Unveränderlichkeit.

Die Unveränderlichkeit Gottes erscheint in ihrer vollkommensten Schönheit, wenn sie mit der Veränderlichkeit des Menschen verglichen wird. In Gott ist keine Veränderung möglich, der Mensch dagegen kann der Veränderlichkeit nicht entfliehen.

Weder der Mensch noch seine Welt sind unveränderlich, sondern befinden sich in ständiger Bewegung. Jeder Mensch lebt seine Zeit, lacht und weint, arbeitet und spielt, geht dann dahin und macht denen Platz, die ihm folgen.

Manch ein Dichter findet am Gesetz der Unbeständigkeit ein schier krankhaftes Vergnügen und singt in Molltönen das Lied des ständigen Wechsels. Omar Chaijau zum Beispiel schrieb mit Pathos und Humor über Unbeständigkeit und Sterblichkeit, die Zwillingskrankheit des Menschen. »Gehe mit dem Ton nicht so grob um«, ermahnt er den Töpfer, »es könnte der Staub deines Großvaters sein, mit dem du hantierst.« – »Wenn du den Becher erhebst und den roten Wein trinkst«, erinnert er den Zecher, »küßt du vielleicht die Lippen einer längst verstorbenen Schönen.«

Dieser Ton der süßen Sorge, vermischt mit liebenswürdigem Humor, verleiht den Vierzeilern eine leuchtende Schönheit. Doch wie schön dieses Gedicht auch erscheinen mag, so ist es doch krank, todkrank. Wie sich der Vogel von der drohenden Schlange betören läßt, so ist der Dichter von dem Feind fasziniert, der ihn und alle Menschen aller Generationen zerstört.

Auch die heiligen Schreiber sehen der Veränderlichkeit des Menschen ins Auge, aber es sind gesunde Menschen, in deren Worte eine heilsame Kraft liegt. Diese Schreiber haben das Heilmittel für die große Krankheit in der Erkenntnis, daß Gott sich niemals verändert, gefunden. Eine gefallene Welt fällt unter das Gesetz der Veränderlichkeit, Gott aber ist unveränderlich, und in ihm findet der gläubige Mensch endlich ewige Beständigkeit. Schon zu Lebzeiten arbeitet die Veränderlichkeit für die Kinder des Reiches und nicht gegen sie. Die Veränderungen, die in ihnen geschehen, werden durch die Hand des in ihnen wohnenden Geistes gewirkt. »Nun aber«, schreibt der Apostel, »schauen wir alle mit aufgedecktem Angesicht die Herrlichkeit des Herrn wie in einem Spiegel, und wir werden verklärt in sein Bild von einer Herrlichkeit zur andern von dem Herrn, der der Geist ist« (2 Kor 3,18).

In einer Welt des Wechsels und Zerfalls kann nicht einmal der Gläubige vollständig glücklich sein. Instinktiv sucht er das Beständige und ist betrübt über die Vergänglichkeit.

O Herr! Mein Herz ist krank,
Krank von diesen ewigen Veränderungen.
Und das Leben läuft lästig schnell
Durch die Abwechslungen und den rastlosen Lauf;
Veränderungen finden ihresgleichen nicht in Dir
Und weckt kein Echo in Deiner stillen Ewigkeit.

FREDERICK W. FABER

Doch so sehr wir den Mangel an Beständigkeit, der allen irdischen Dingen anhaftet, beklagen, so ist doch in einer gefallenen Welt wie dieser, gerade die *Fähigkeit* zur Veränderung ein goldener Schatz, eine Gabe Gottes von solch wunderbarem Wert, daß sie zu ständigem Danken bewegen sollte. Die Fähigkeit zur Veränderung schafft für uns Menschen die Möglichkeit zur Erlösung. Ein anderer Mensch zu werden ist nur durch die Buße möglich: der Lügner wird wahrhaftig, der Dieb ehrlich, der Unzüchtige rein, der Stolze demütig. Die ganze Moral eines Menschenlebens wird verändert. Die Gedanken, die Wünsche, die Neigungen sind andere geworden, und der Mensch ist nicht mehr der gleiche, der er vorher war. Diese Veränderung ist so radikal, daß der Apostel den einstigen Menschen den »alten Menschen« nennt und den jetzigen den »neuen Menschen«, »der erneuert wird zur Erkenntnis nach dem Ebenbild dessen, der ihn geschaffen hat« (Kol 3,9 f).

Doch die Veränderung ist tiefer und grundlegender, als irgendeine äußere Erscheinung kundtun kann, denn sie schließt auch ein, daß ein neues Leben empfangen wird, das von anderer und höherer Qualität ist. Der alte Mensch lebt, auch wenn er sich von der besten Seite zeigt, nur das Leben Adams; der neue Mensch dagegen hat das Leben Gottes. Dies ist mehr als eine bloße Redensart, es ist wortwörtlich wahr. Wenn Gott den Geist eines Menschen mit ewigem Leben durchdringt, so wird dieser Mensch Teil einer neuen und höheren Seinsordnung.

Der unveränderliche Gott gebraucht bei seinem erlösenden Wirken eine Folge von Veränderungen und erreicht dadurch schließlich Dauerhaftigkeit. Am deutlichsten wird dies im Hebräerbrief dargestellt. »Er hebt das erste auf, damit er das zweite einsetze« (Hebr 10,9). Das ist eine Art Zusammenfassung der

Lehre dieses bemerkenswerten Briefes. Der alte Bund wurde aufgehoben, damit der neue und unvergängliche Bund an dessen Stelle treten konnte. Das Blut der Ochsen und Böcke verlor seine Bedeutung, als das Blut des Passahlammes vergossen wurde. Das Gesetz, der Altar, das Priestertum – all das war Veränderungen unterworfen. Jetzt ist das ewige Gesetz Gottes für immer in der lebendigen, empfindsamen, menschlichen Seele eingegraben. Das alte Heiligtum existiert nicht mehr, doch das neue Heiligtum, in dem der Sohn Gottes der Hohepriester ist, ist auf ewig in den Himmeln eingerichtet.

Hier sehen wir, daß Gott Veränderungen gebraucht, um dadurch seine Erlösten zu segnen. Er selbst jedoch steht außerhalb des Gesetzes der Veränderlichkeit und bleibt von allen Wechseln, die sich im Universum ereignen, unberührt.

> Und alles verkündet, während es sich verändert,
> Den ewig gleichen Herrn.
>
> CHARLES WESLEY

Wieder erhebt sich die Frage danach, was es mir nützt, zu wissen, daß Gott unveränderlich ist. Ist dies alles nicht bloß eine metaphysische Spekulation, die den Leuten, die sich damit beschäftigen, Befriedigung verschafft, aber für die anderen, praktischen Menschen keine wirkliche Bedeutung besitzt?

Wenn »praktische Menschen« ungläubige Menschen sind, die sich nur um weltliche Geschäfte kümmern, dem Anspruch Christi, dem Wohlergehen ihrer eigenen Seele oder den Interessen der zukünftigen Welt jedoch gleichgültig gegenüberstehen, dann besitzt für sie weder dies noch irgendein anderes den Glauben ernstnehmendes Buch überhaupt eine Bedeutung. Aber auch wenn es überwiegend solche Menschen gibt, so stellen sie keineswegs die Gesamtheit der Bevölkerung dar. Da sind immer noch die »siebentausend, die ihre Knie nicht vor Baal beugen«, und daran glauben, daß sie erschaffen wurden, um Gott anzubeten und sich auf ewig seiner Gegenwart zu erfreuen. Diese Menschen wollen so viel sie können über den Gott, mit dem sie die Ewigkeit zu verbringen hoffen, lernen.

Ist es für uns nicht eine Quelle wunderbarer Kraft, zu wissen, daß Gott sich niemals verändert, auch wenn uns die Menschen dieser Welt vergessen, ihre Haltung uns gegenüber je nach ihren Eigeninteressen ändern und ihre Meinung über uns beim geringsten Anlaß revidieren? Gottes Einstellung uns gegenüber jedoch bleibt auch in der zukünftigen Ewigkeit dieselbe, die sie in der vergangenen schon war.

Welch einen Frieden bringt es dem gläubigen Herzen, sich bewußt zu machen, daß unser himmlischer Vater sich nie von dem unterscheiden wird, was er jetzt ist. Wir können zu ihm kommen, wann wir wollen, und brauchen uns nie zu fragen, ob er in diesem Moment in guter Laune ist. Er ist immer empfänglich für Not und Elend, genauso wie für Glaube und Liebe. Festgelegte Zeiten, in denen er niemanden sehen will, kennt er nicht. Auch seine Meinung ändert er niemals. Heute, in diesem Augenblick, empfindet er seinen Geschöpfen, den Babys, Kranken, Gefallenen und Sündigen gegenüber genauso wie damals, als er seinen eingeborenen Sohn in die Welt schickte, damit er für die Menschheit sterben sollte.

Gott kennt keine Stimmungen, seine Zuneigung verblaßt nicht, seinen Enthusiasmus verliert er nicht. Seine Haltung der Sünde gegenüber ist heute noch die gleiche wie damals, als er den sündigen Menschen aus dem Garten Eden vertrieb, und seine Einstellung zum Sünder ist dieselbe wie damals, als er seine Arme ausstreckte und rief: »Kommt her zu mir, alle, die ihr mühselig und beladen seid; ich will euch erquicken« (Mt 11,28). Gott schließt keine Kompromisse und läßt sich nicht dazu überreden, sein Wort zu ändern oder selbstsüchtige Gebete zu erhören. Bei all unseren Bemühungen, Gott zu finden, ihm zu gefallen und Gemeinschaft mit ihm zu haben, sollten wir daran denken, daß sich jegliche Veränderung auf unserer Seite vollziehen muß. »Ich, der Herr, wandle mich nicht« (Mal 3,6). Wir müssen nur seine klar ausgesprochenen Bedingungen erfüllen und unser Leben in Übereinstimmung mit seinem Willen bringen, dann wird seine unendliche Kraft augenblicklich an uns in der Weise wirksam werden, wie es im Evangelium dargestellt ist.

Ursprung des Seins, Quelle des Guten!
Unveränderlich bleibst Du!

Kein Schatten einer Veränderung kann
Die Herrlichkeit Deines Reiches verdunkeln.

Die Erde samt all ihren Mächtigen mag vergehen,
Wenn es der große Schöpfer will;
Doch Du bist für immer derselbe.
ICH BIN ist immer noch Dein Ehrenmal.

Aus »Walker's Collection«

KAPITEL 10

Die göttliche Allwissenheit

Herr, Du kennst alles; Du weißt, wann ich sitze und wann ich aufstehe; alle meine Wege sind Dir bekannt. Ich kann Dir nichts erzählen, was Dir neu wäre, und jeder Versuch, etwas vor Dir verbergen zu wollen, ist umsonst. Im Lichte Deines vollkommenen Wissens bin ich so unwissend wie ein kleines Kind. Hilf mir, alle Sorge wegzutun; denn Du kennst den Weg, den ich gehe, und aus Deiner Prüfung werde ich wie geläutertes Gold hervorgehen. Amen.

Wenn wir von der Allwissenheit Gottes reden, so meinen wir damit, daß er vollkommenes Wissen besitzt und darum nichts hinzuzulernen braucht. Aber es bedeutet noch mehr. Es bedeutet, daß Gott nie etwas gelernt hat, daß er gar nicht lernen kann.

Die Heilige Schrift sagt uns, daß Gott niemals etwas von einem anderen gelernt hat. »Wer bestimmt den Geist des Herrn, und welcher Ratgeber unterweist ihn? Wen fragt er um Rat, der ihm Einsicht gebe und lehre ihn den Weg des Rechts und lehre ihn Erkenntnis und weise ihm den Weg des Verstandes?« (Jes 40,13 bis 14). »Wer hat des Herrn Sinn erkannt, oder wer ist sein Ratgeber gewesen?« (Röm 11,34). Diese schon beantworteten Fragen des Propheten Jesaja sagen deutlich aus, daß Gott nie etwas erlernen mußte.

Daraus zu schließen, daß Gott auch nichts hinzulernen kann, ist nun ein kleiner Schritt. Könnte Gott irgendwann oder irgendwie zusätzlich Wissen aufnehmen, so wäre er unvollkommen und nicht Gott. Könnten wir uns Gott vorstellen, wie er zu Füßen eines Lehrers – und wäre es ein Erzengel oder Seraph – säße, so würden wir dabei keinesfalls an Gott, den Allerhöchsten und Schöpfer des Himmels und der Erde, denken.

Daß ich das Thema der Allwissenheit Gottes damit einleite, zu beschreiben, wie Gott *nicht* ist, halte ich dadurch für gerechtfertigt, daß ich es einfacher finde, uns, die wir noch nicht viel über Gott wissen, diese Eigenschaft Gottes auf diesem Wege verständlicher zu machen. Von dieser Methode haben wir auch in den bisherigen Betrachtungen schon öfters Gebrauch gemacht. Wir haben gesehen, daß Gott keinen Ursprung und keinen Anfang hat, daß er keine Helfer braucht, daß er keinen Veränderungen unterworfen ist und daß sein Wesen keine Beschränkungen kennt.

Auch die inspirierten Verfasser der Heiligen Schrift haben sich dieser Methode der Verneinung bedient. »Weißt du nicht? Hast du nicht gehört? Der Herr, der ewige Gott, der die Enden der Erde geschaffen hat, wird nicht müde noch matt« (Jes 40,28). Die eindrückliche Feststellung, die Gott über sich selbst macht: »Ich, der Herr, wandle mich nicht«, sagt mehr über die göttliche Allwissenheit aus, als eine eingehende Abhandlung es zu tun vermöchte. Gottes ewige Wahrhaftigkeit wird vom Apostel Paulus durch eine Verneinung bestätigt: »Gott, der nicht lügt« (Tit 1,2). Die Bestätigung des Engels, daß »bei Gott kein Ding unmöglich« ist, fügt sich mit der obigen Verneinung zu etwas unüberhörbar Positivem zusammen.

Daß Gott allwissend ist, wird nicht nur in der Bibel gelehrt, sondern ist auch aus all dem zu schließen, was wir sonst über ihn wissen. Gott weiß alles über seine eigene Person, und weil er selbst Quelle und Ursprung aller Dinge ist, folgt daraus auch sein alles umfassendes Wissen. Dieses Wissen hat er im gleichen Augenblick eines Geschehens und in absoluter Vollkommenheit. Er kennt jede Einzelheit aller Dinge, die irgendwo im All irgendwann existiert haben, noch existieren oder erst existieren werden.

Gott kennt sofort, ausnahmslos und ohne Mühe, alle Dinge, alle Gedanken, alle Geister, alle Wesen, alle Geschöpfe, alle Gesetze, alle Beziehungen, alle Geheimnisse, alle Rätsel, alle Gefühle, alle Wünsche, alles Verborgene, alle Throne und Reiche, alle Persönlichkeiten, alles Sichtbare und Unsichtbare im Himmel und auf der Erde, Bewegung, Raum, Zeit, Leben, Tod, Gut und Böse, Himmel und Hölle.

Weil Gott alle Dinge vollkommen durchschaut, kennt er das eine nicht besser als das andere, entdeckt er nie etwas, ist nie überrascht und nie erstaunt oder verwundert. Er sucht keine Informationen und stellt keine Fragen, es sei denn, daß er einen Menschen die Wahrheit zu dessen Wohl bekennen läßt.

Gott, der in sich selbst besteht und in sich alles enthält, kennt das, was keine Kreatur kennen kann – sich selbst. »So weiß auch niemand, was in Gott ist, als allein der Geist Gottes« (1 Kor 2,11). Nur der Unendliche kann das Unendliche kennen.

Die göttliche Allwissenheit führt uns den Schrecken und die Faszination der Gottheit vor Augen. Daß Gott jeden Menschen durch und durch kennt, kann für einen, der etwas zu verbergen hat, Grund zum Zittern und Fürchten sein. Ein Mensch, der eine Sünde gegen andere oder Gott zu verstecken sucht, tut wohl daran, vor Gott zu zittern, da dieser ja die Fadenscheinigkeit jeder Ausrede und Entschuldigung für sündiges Verhalten genau kennt. »Denn unsre Missetaten stellst du vor dich, unsre unerkannte Sünde ins Licht vor deinem Angesicht« (Ps 90,8). Welch ein erschreckender Anblick ist es, zu sehen, wie sich die Söhne Adams zwischen den Bäumen eines anderen Gartens verstecken. Doch wo sollen sie sich verbergen? »Wohin soll ich gehen vor deinem Geist, und wohin soll ich fliehen vor deinem Angesicht? ... Spräche ich: Finsternis möge mich decken und Nacht statt Licht um mich sein –, so wäre auch Finsternis nicht finster bei dir, und die Nacht leuchtete wie der Tag. Finsternis ist wie das Licht« (Ps 139,7.11–12).

Welch unaussprechlicher Trost liegt für uns, die wir bei ihm Zuflucht haben und die im Evangelium dargebotene Hoffnung ergreifen, in dem Wissen, daß unser himmlischer Vater uns durch und durch kennt. Niemand kann uns bei ihm verleumden, kein Feind kann uns anklagen, kein vergessener dunkler Punkt kann plötzlich aus einem verborgenen Winkel hervorgeholt werden und uns demütigen und unsere Vergangenheit offen darlegen. Keine unerwartete Schwachheit unseres Charakters kann ans Licht kommen und Gott dazu veranlassen, sich von uns abzuwenden; denn er kannte uns schon, ehe wir ihn kannten, und rief uns zu sich in voller Kenntnis dessen, was gegen uns stand. »Denn es sollen wohl Berge weichen und Hügel hinfallen, aber meine Gnade soll nicht von dir weichen, und der Bund meines Friedens soll nicht hinfallen, spricht der Herr, dein Erbarmer« (Jes 54,10).

Unser Vater im Himmel kennt unsere Art und weiß, daß wir Staub sind. Er wußte um unsere angeborene Verderbtheit und rettete uns um seinetwillen (Jes 48,8–11). Sein eingeborener Sohn fühlte, als er unter uns wandelte, unsere Schmerzen und auch intensive Angst. Christus kennt unsere Anfechtungen und Nöte nicht nur theoretisch, sondern persönlich; er kann sie mitfühlen. Was uns auch immer widerfahren mag, Gott weiß es und ist um uns besorgt, wie kein anderer es sein kann.

Er gibt allen seine Freude;
Er wird zum kleinen Säugling;
Er wird ein Mann der Schmerzen;
Er spürt auch das Leid.

Denke nicht, Du könntest einen Seufzer seufzen,
Und Dein Schöpfer wäre nicht dabei;
Denke nicht, du könntest eine Träne weinen, und Dein
Schöpfer wäre nicht nahe.

Ach! Er gibt uns seine Freude,
Um unsere Schmerzen zu vernichten;
Bis unser Schmerz davongeflogen ist,
Sitzt er bei uns und stöhnt mit uns.

William Blake

KAPITEL 11

Die Weisheit Gottes

O Christus, »der Du versucht wurdest in allen Dingen wie wir, doch ohne Sünde«, mache uns stark, damit wir das Verlangen, weise zu sein und von andern als weise angesehen zu werden, überwinden. Wir wenden uns von unserer Weisheit und Torheit ab und flüchten zu Dir, der Du die Weisheit und die Kraft Gottes bist. Amen.

Diese kurze Studie über die göttliche Weisheit beginnen wir mit dem Glauben an Gott. Wir wollen auch hier nicht verstehen, um dann glauben zu können, sondern glauben, um zu verstehen. Also werden wir nicht nach Beweisen für die Weisheit Gottes suchen. Der ungläubige Verstand würde sich auch dadurch nicht überzeugen lassen, und der gläubige Mensch braucht keine Beweise.

»Gelobt sei der Name Gottes von Ewigkeit zu Ewigkeit«, sprach der Prophet Daniel, »denn ihm gehören Weisheit und Stärke... Er gibt den Weisen ihre Weisheit und den Verständigen ihren Verstand, er offenbart, was tief und verborgen ist; er weiß, was in der Finsternis liegt, denn bei ihm ist lauter Licht« (Dan 2,20 ff.). In der Offenbarung (7,12) beten die Engel Gott an: »Lob und Ehre und Weisheit und Dank und Preis und Kraft und Stärke sei unserm Gott von Ewigkeit zu Ewigkeit!« Das akzeptiert der gläubige Mensch, ohne daß es ihm einfallen würde, Gott müßte Beweise für seine Wahrheit oder seine Kraft erbringen. Genügt es nicht, daß er Gott ist?

Die Feststellung der christlichen Theologie, Gott sei weise, bedeutet viel mehr als dieses schwache Wort auszudrücken vermag, das durch die Gewichtigkeit seines Inhalts schier erdrückt wird. »Seine Weisheit ist nicht zu ermessen«, sagt der Psalmist. Was die Theologie hier auszudrücken versucht, ist nichts Geringeres als Unendlichkeit.

Da das Wort *unendlich* etwas umschreibt, das einzigartig ist, kann es davon keine Steigerungsformen geben. Worte wie *einzig-*

artiger oder *besonders unendlich* kennen wir nicht. Vor der Unendlichkeit müssen wir verstummen.

Es gibt zwar eine sekundäre, erschaffene Weisheit, die Gott seinen Geschöpfen verliehen hat, aber im Vergleich zur grenzenlosen Weisheit Gottes ist alle Weisheit der Menschen klein und armselig. Gott allein ist weise, und alle Weisheit der Menschen oder Engel ist nur ein Widerschein jenes unerschaffenen Glanzes, der vom Throne der himmlischen Majestät ausgeht.

Der Gedanke der unendlichen Weisheit Gottes setzt an der Wurzel aller Wahrheit an und ist eine Glaubensgrundlage, die für die Gültigkeit aller anderen Aussagen über Gott notwendig ist. Da Gott unabhängig von allen Geschöpfen existiert, ist er natürlich auch nicht von unseren Meinungen über ihn abhängig. Aber unsere moralisch-geistige Gesundheit fordert, daß wir dem Schöpfer und Erhalters des Universums eine absolut vollkommene Weisheit zuschreiben. Das zu leugnen würde bedeuten, genau das in uns zu verraten, was uns von Tieren unterscheidet.

Der Begriff Weisheit wird in der Bibel meist in Verbindung mit Gott und guten Menschen gebraucht und trägt dadurch einen stark moralischen Beiklang. Sie wird als rein, voller Liebe und Güte beschrieben, während dagegen eine Weisheit, die lediglich Schlauheit bedeutet, oft bösen Menschen zugeschrieben wird, denn solche Weisheit ist trügerisch und falsch. Diese gegensätzlichen Ausdrucksformen von Weisheit stehen in ständigem Konflikt miteinander. Betrachtet man die ganze Weltgeschichte von der Höhe des Sinai oder von Golgatha aus, so erscheint sie tatsächlich als eine Auseinandersetzung zwischen der Weisheit Gottes und der Schlauheit Satans und des gefallenen Menschen. Das Ergebnis dieses Konflikts steht außer Zweifel. Das Unvollkommene muß schließlich dem Vollkommenen unterliegen. Gott hat gewarnt, daß er die Weisen bei ihrer eigenen Schlauheit packen und die Weisheit der Klugen zuschanden werden lassen wird.

Weisheit ist unter anderem die Fähigkeit, sich vollkommene Ziele zu stecken und zu versuchen, diese mit den vollkommensten Mitteln zu erreichen; von Anfang an das Ende vor Augen zu haben und sich nicht auf Raten und Mutmaßen einzulassen. Weisheit erkennt den Kern aller Dinge und die Beziehung, in der sie zueinander stehen, und kann deshalb mit fehlerfreier Präzision auf die vorherbestimmten Ziele hinwirken.

Alle Taten Gottes geschehen in vollkommener Weisheit, in erster Linie zu seiner eigenen Verherrlichung und dann zum Allerbesten möglichst vieler Menschen über möglichst lange Zeit. Alle seine Taten sind ebenso rein und gut wie weise. Nicht nur seine Taten, sondern auch die Art und Weise, wie sie ausgeführt werden, sind vollkommen. Ein unendlich weiser Gott muß in einer Weise wirken, die von begrenzten Geschöpfen nicht verbessert werden kann. O Herr, wie mannigfaltig sind deine Werke! Du hast sie alle in Weisheit gemacht. Die Erde ist voll von deinen Reichtümern!

Ohne die Schöpfung wäre die Weisheit Gottes auf ewig in der unendlichen Tiefe des göttlichen Wesens verschlossen geblieben. Gott schenkte seinen Geschöpfen das Dasein, um sich an ihnen zu erfreuen und damit sie sich an ihm erfreuen sollten. »Und Gott sah an alles, was er gemacht hatte, und siehe, es war sehr gut« (1 Mo 1,31).

Jahrhunderte hindurch haben sich viele außerstande erklärt, an die grundlegende Weisheit einer Welt, in der so viel verkehrt zu sein scheint, zu glauben. Voltaire stellt in *Candide* einen entschlossenen Optimisten namens Dr. Pangloss vor, dem er all die Argumente der »Besten-aller-möglichen-Welten«-Philosophie in den Mund legt. Offensichtlich bereitete es dem französischen Zyniker großes Vergnügen, den alten Professor in Situationen zu versetzen, die seine Philosophie lächerlich erscheinen ließen.

Aber die Lebensanschauung des gläubigen Christen ist in jeder Hinsicht realistischer als die des Dr. Pangloss mit seiner Vernunftgläubigkeit. Ein Christ ist sich dessen bewußt, daß diese Welt im Augenblick nicht die beste aller möglichen Welten ist, sondern im Schatten eines ungeheuren Unglücks, des Sündenfalls des Menschen, steht. Die inspirierten Bibelautoren bezeugen, daß sich die ganze Schöpfung unter dem furchtbaren Schock des Sündenfalls ängstet und nach Erlösung sehnt. Sie versuchen nicht, vernünftige Gründe hervorzuholen; sie betonen, »die Schöpfung ist ja unterworfen der Vergänglichkeit – ohne ihren Willen, sondern durch den, der sie unterworfen hat –, doch auf Hoffnung«

(Röm 8,20). Hier wird kein Versuch unternommen, Gottes Wege, die er die Menschen führt, zu rechtfertigen, sondern einfach eine Tatsache beschrieben. Das Wesen Gottes ist mehr als alle Verteidigung.

Aber all unsere Tränen tragen Hoffnung in sich. In der Stunde des Triumphes Christi wird die leidende Welt zur herrlichen Freiheit der Söhne Gottes hinausgeführt werden. Für die Menschen der neuen Schöpfung ist das goldene Zeitalter nicht die Vergangenheit, sondern die Zukunft, und wenn sie anbricht, wird eine staunende Welt erkennen, daß Gott in Wahrheit all seine Weisheit überreichlich an uns verschwendet hat. Bis dahin setzen wir unsere Hoffnung auf den allein weisen Gott, unseren Heiland, und warten mit Geduld auf die schrittweise Entfaltung seiner Pläne.

Trotz Tränen, Schmerzen und Tod glauben wir, daß der Gott, der uns alle erschaffen hat, unendlich weise und gut ist. So wie Abraham nicht an den Verheißungen Gottes zweifelte, sondern stark wurde im Glauben, Gott die Ehre gab und völlig davon überzeugt war, daß Gott das, was er verheißt, auch tun kann, so setzen gleicherweise auch wir unsere Hoffnung auf Gott allein, bis sein Tag anbricht. Wir ruhen in dem, *was Gott ist*. Ich glaube, das allein ist wahrer Glaube. Jeglicher Glaube, der Unterstützung durch augenfällige Beweise braucht, ist kein echter Glaube. »Jesus spricht zu ihm: Weil du mich gesehen hast, Thomas, darum glaubst du. Selig sind, die nicht sehen und doch glauben!« (Joh 20,29).

Das Zeugnis des Glaubens lautet, daß ungeachtet dessen, wie es in dieser gefallenen Welt aussieht, alle Taten Gottes in vollkommener Weisheit vollbracht wurden. Die Fleischwerdung des ewigen Sohnes war eine von Gottes mächtigen Taten, und wir können versichert sein, daß diese Tat mit einer Vollkommenheit geschah, deren nur der Unendliche fähig ist. »Und groß ist, wie jedermann bekennen muß, das Geheimnis des Glaubens: Er ist offenbart im Fleisch« (1 Tim 3,16).

Auch die Versöhnung wurde mit derselben makellosen Erfahrenheit vollbracht, die alle Taten Gottes auszeichnet. Auch wenn wir es kaum begreifen, so wissen wir jedenfalls, daß Christi Versöhnungswerk Gott und die Menschen vollkommen miteinander versöhnt und allen, die da glauben, das Reich Gottes aufgeschlossen hat. Unser Anliegen ist nicht, zu verstehen, sondern zu verkündigen. Mich wundert tatsächlich, ob Gott uns all das verstehen lassen kann, was dort am Kreuz geschah. Nach den Worten des Apostels Petrus verstehen es nicht einmal die Engel, die gelüstet, diese Dinge zu schauen.

Das Wirken des Evangeliums, die Wiedergeburt, die Sendung des Heiligen Geistes in die menschliche Natur, der endgültige Sieg über das Böse und schließlich die Aufrichtung des Reiches Christi der Gerechtigkeit – all dies floß und fließt noch immer aus der unendlichen Fülle der Weisheit Gottes. Auch das schärfste Auge des heiligsten Beobachters unter der seligen Schar droben kann bei der Ausführung all dieser Ereignisse keinen Makel an den Wegen Gottes entdecken, und ebensowenig vermag alle Weisheit der Seraphim und Cherubim zusammen eine Verbesserung am göttlichen Vorgehen vorzuschlagen. »Ich merkte, daß alles, was Gott tut, das besteht für ewig; man kann nichts dazutun noch wegtun. Das alles tut Gott, daß man sich vor ihm fürchten soll« (Pred 3,14).

Das Festhalten dieser Wahrheit der unendlichen Weisheit Gottes als Lehrsatz unseres Glaubensbekenntnisses ist für uns entscheidend wichtig. Doch dies allein genügt noch nicht. Wir müssen sie durch den Gebrauch unseres Glaubens und das Gebet in die praktische Welt unserer alltäglichen Erfahrung hineintragen.

Der bewußte Glaube daran, daß unser himmlischer Vater für uns ständig Situationen plant, die gegenwärtig zu unserem Besten und zusätzlich zu unserem ewigen Wohlbehagen beitragen, bedeutet für den inwendigen Menschen einen echten Segen. Die meisten von uns gehen durch das Leben, indem sie ein wenig beten, ein wenig planen, sich in eine gute Position bringen wollen, ständig hoffen, aber sich einer Sache nie wirklich sicher sind, und bei alledem im Geheimen fürchten, daß sie den richtigen Weg verpassen könnten. Das ist eine tragische Verschwendung der Wahrheit und bringt dem Herzen nie Ruhe.

Es gibt einen besseren Weg, nämlich sich nicht auf die eigene Weisheit, sondern statt dessen auf die unendliche Weisheit Gottes zu verlassen. Wenn wir unbedingt selber Vorsorge treffen wollen, so ist das ganz natürlich, aber es ist auch ein Hindernis für unser geistliches Wachstum. Gott hat die volle Verantwortung für unser ewiges Glück auf sich genommen und steht bereit, die Führung über unser Leben in dem Augenblick zu übernehmen, wo wir uns im Glauben ganz an ihn wenden. Er hat verheißen: »Aber die Blinden will ich auf dem Wege leiten, den sie nicht wissen; ich will sie führen auf den Steigen, die sie nicht kennen. Ich will die Finsternis vor ihnen her zum Licht machen und das Höckerige zur Ebene. Das alles will ich tun und nicht davon lassen« (Jes 42,16).

Laß Ihn dich blindlings vorwärts führen,
Liebe braucht nichts zu wissen;
Kinder, die der Vater führt,
Fragen nicht, wohin sie gehen,
Sei noch so unbekannt der Weg
Über einsames Moor und Gebirge.

Gott ermutigt uns unaufhörlich, ihm im dunkeln zu vertrauen. »Ich will vor dir hergehen und das Bergland eben machen, ich will die ehernen Türen zuschlagen und die eisernen Riegel zerbrechen und will dir heimlich Schätze geben und verborgene Kleinode, damit du erkennst, daß ich der Herr bin, der dich beim Namen ruft, der Gott Israels« (Jes 45,2 f.).

Es ist ermutigend zu erfahren, wie viele der mächtigen Taten Gottes im Verborgenen geschahen, geschützt vor den neugierigen Augen der Menschen oder Engel. Als Gott Himmel und Erde schuf, lag Finsternis über der Tiefe. Als der ewige Sohn Fleisch wurde, weilte er für eine Zeit in der Dunkelheit des gesegneten jungfräulichen Schoßes. Als er starb, damit die Welt leben konnte, geschah dies in der Finsternis. Als er von den Toten auferstand, war es »sehr früh am Morgen«. Niemand sah ihn auferstehen. Es ist, als wollte Gott sagen: »Was ich bin, ist alles, was für dich zählt; denn darin liegt deine Hoffnung und dein Friede. Ich werde tun, was ich tun will, und es wird alles irgendwann ans Licht kommen. Aber wie ich es tue, das ist mein Geheimnis. Vertraue mir und fürchte dich nicht.«

Wenn die Güte Gottes unser Bestes will, wenn die Weisheit Gottes alles plant und wenn die Kraft Gottes es vollbringt – was fehlt uns dann noch? Ganz gewiß sind wir die Bevorzugtesten aller Geschöpfe!

In allen Werken unseres Schöpfers
Leuchten Allmacht und Weisheit.
Diese ganze wunderbare Gefolgschaft
Rühmt die Ehre Seines Namens.

THOMAS BLACKLOCK

Kapitel 12

Die Allmacht Gottes

Unser himmlischer Vater, wir haben Dich sagen hören: »Ich bin der allmächtige Gott; wandle vor mir und sei fromm.« Aber es sei denn, daß Du uns durch Deine überragende Kraft dazu befähigst, wie können wir, die wir von Natur aus schwach und sündig sind, untadelig vor Dir wandeln? Hilf, daß wir lernen, das Wirken der mächtigen Kraft zu erfassen, die in Christus wirksam wurde, als Du ihn von den Toten auferwecktest und zu Deiner Rechten im Himmel setztest. Amen.

In seiner Vision hörte Johannes eine Stimme, und es war wie eine Stimme einer großen Schar und wie eine Stimme großer Wasser und wie eine Stimme starker Donner im ganzen All, und die Botschaft, die die Stimme verkündigte, war die Souveränität und Allmacht Gottes: »Halleluja! Denn der Herr, unser Gott, der Allmächtige, hat das Reich eingenommen!« (Offb 19,6).

Souveränität und Allmacht gehören unbedingt zueinander; das eine kann nicht ohne das andere sein. Um zu regieren, muß Gott Macht zu haben, und um souverän zu regieren, muß er alle Macht haben. Und genau das ist es, was *allmächtig* bedeutet, nämlich, alle Macht zu haben. Dieses Wort kommt in der Bibel häufig vor, aber nur in Verbindung mit Gott. Er allein ist allmächtig.

Gott besitzt, was kein Geschöpf je hatte: eine unbegreifliche Machtfülle, eine Macht, die absolut ist. Das wissen wir durch göttliche Offenbarung. Aber sobald man dies weiß, erkennt man auch, daß es mit der Vernunft in Übereinstimmung steht. Ist Gott unendlich und unbedingt, so folgern wir daraus sofort, daß er auch allmächtig sein muß, und der Verstand kniet nieder und betet vor der göttlichen Allmacht an.

»Gott allein ist mächtig«, sagt der Psalmist (Ps 62,12), und der Apostel Paulus erklärt, daß die Natur selbst Zeugnis gibt von der unvergänglichen Macht der Gottheit (Röm 1,20). Aufgrund dieses Wissens schließen wir auf die Allmacht Gottes. Dies geschieht in folgenden Schritten: Gott besitzt Macht. Da er unendlich ist, muß auch alle Macht, die er hat, grenzenlos sein. Darum hat Gott unbegrenzte Macht, er ist allmächtig. Wir sehen weiter, daß Gott, der in sich selbst bestehende Schöpfer, die Quelle aller bestehenden Macht ist. Und weil eine Quelle zumindest all dem, was aus ihr entspringt, gleich ist, ist Gott logischerweise aller Macht gleich, die es gibt, und das heißt wiederum, daß er allmächtig ist.

Gott hat seinen Geschöpfen Macht übertragen, doch weil er sich selbst genügt, kann er keine seiner Vollkommenheiten aufgeben. Weil seine Macht vollkommen ist, hat er nie auch nur den kleinsten Teil davon aufgegeben. Er gibt, aber er gibt nicht weg. Alles, was er gibt, bleibt sein Eigentum und kehrt wieder zu ihm zurück. Auf ewig muß er bleiben, was er ewig gewesen ist: Gott, der allmächtige Herr.

Man kann nicht lange aufmerksam in der Bibel lesen, ohne den gravierenden Unterschied in der Einstellung der biblischen Gestalten und jener der heutigen Menschen zu sehen.

Wir leiden heute unter einer Verweltlichung; wo die Bibelverfasser von Gott sprachen, sprechen wir von Naturgesetzen. Ihre Welt war ausgefüllt, unsre dagegen ist leer. Ihre Welt war lebendig und persönlich, unsre ist unpersönlich und tot. Damals regierte Gott; wir lassen uns von Naturgesetzen regieren, und die Gegenwart Gottes kennen wir gar nicht mehr.

Was sind diese Naturgesetze, die in den Köpfen von Millionen Menschen zum Ersatz für Gott geworden sind? Das Wort *Gesetz* hat eine doppelte Bedeutung. Einmal bedeutet es ein behördliches Gebot oder Verbot, zum Beispiel zur Abwehr von Kriminalität. Im anderen Fall bezeichnet man damit das immer gleichbleibende Verhalten der Dinge im Universum. Doch dieser zweite Wortgebrauch beruht auf einem Irrtum. Was wir in der Natur beobachten, sind ganz einfach die Fußspuren der Macht und Weisheit Gottes in der Schöpfung. Eigentlich sind es Phänomene und nicht Gesetze. Aber wir nennen sie Gesetze wegen ihrer Ähnlichkeit mit den willkürlichen Gesetzen der Gesellschaft.

Die Wissenschaft beobachtet, wie die Kraft Gottes wirkt. Sie stellt ein regelmäßiges Verhaltensmuster fest und fixiert dieses als *Gesetz*. Die Gleichförmigkeit des göttlichen Wirkens in der Schöpfung ermöglicht es dem Wissenschaftler, den Verlauf eines natürlichen Phänomens vorauszusagen. Darauf gründet der Wissenschaftler seinen Glauben; dies ist sein Ausgangspunkt, um bedeutende und nützliche Dinge in der Navigation, der Chemie, der Landwirtschaft und den medizinischen Wissenschaften zu erreichen.

Religion dagegen geht auf das Wesen Gottes zurück, sie befaßt sich nicht mit den Fußspuren Gottes, die in der Schöpfung zu erkennen sind, sondern mit dem Schöpfer selbst. Religion ist in erster Linie an dem interessiert, der die Quelle aller Dinge, der Herr eines jeden dieser Phänomene ist. Die Philosophie hat für Gott verschiedene Namen bereit. Der fürchterlichste, den ich je zu hören bekam, stammt von Rudolf Otto: »Der absolute, gigantische, nie erlahmende, aktive Welt-Streß.«[20] Da erinnert sich der gläubige Christ lieber daran, daß dieser »Welt-Streß« sich selbst *ICH BIN* nannte und daß der größte aller Lehrer seine Jünger unterwies, Gott als Person anzureden: »Wenn ihr betet, so sprecht: Unser Vater im Himmel! Dein Name werde geheiligt« (Lk 11,2). Die Menschen der Bibel verkehrten mit diesem »gigantischen Absoluten« in einer so persönlichen Weise, wie es ihnen die Sprache ermöglichte. Propheten und Heilige wandelten mit ihm, erfüllt von einer Hingabe, die beglückend und zutiefst befriedigend für sie war.

Allmacht bedeutet nicht nur die Summe aller Macht, sondern sie ist eine Eigenschaft des persönlichen Gottes, der für uns Christen der Vater unseres Herrn Jesus Christus und all derer ist, die an ihn glauben. Für den Menschen, der glaubt und anbetet, ist diese Erkenntnis eine wunderbare Kraftquelle seines Glaubenslebens. Sein Glaube schwingt sich zur Gemeinschaft mit dem empor, der tun kann, was immer er tun will, und für den nichts zu schwer ist, weil er absolute Macht besitzt.

Da ihm alle Macht des Universums zur Verfügung steht, kann Gott, der allmächtige Herr, alles mit größter Leichtigkeit tun. Keine seiner Taten kostet ihn auch nur die kleinste Anstrengung. Er verbraucht keine Energie, die ersetzt werden müßte. In seiner Selbstgenügsamkeit hat er es nicht nötig, von außen eine Erneuerung seiner Kraft zu erwarten. Alle Kraft, die erforderlich ist, um das, was er will, tun zu können, liegt in der unverminderten Fülle seines eigenen unwandelbaren Wesens.

Ein in den mittleren Jahren stehender Pfarrer, A. B. Simpson, der schwer erkrankt und tief niedergeschlagen, jedoch zur Aufgabe seines Dienstes bereit war, hörte zufällig den einfachen Negro-Spiritual:

Nothing is too hard for Jesus,
No man can work like Him.
Nichts ist für Jesus zu schwer,
Niemand kann so wirken wie er.

Diese Botschaft drang wie ein Pfeil in sein Herz und verlieh ihm Glaube und Hoffnung für Geist, Seele und Leib. Er zog sich an einen stillen Ort zurück und erhob sich, nachdem er eine Zeitlang allein mit Gott gewesen war, vollständig geheilt. Mit großer Freude fuhr er in seinem Dienst fort und gründete eine der größten Missionsgesellschaften der Welt. Auch in den folgenden 35 Jahren nach dieser Begegnung mit Gott wirkte er auf wunderbare Weise im Dienste Jesu Christi. Sein Glaube an den Gott unbegrenzter Macht gab ihm all die nötige Kraft, um weiterzumachen.

Allmächtiger! Ich beuge mich im Staub vor Dir;
Ebenso beugen sich verschleierte Cherubim;
In ruhiger und stiller Andacht bete ich Dich an,
Allwissender, allgegenwärtiger Freund.

Der Erde hast Du ihr smaragdgrünes Gewand gegeben
Und sie in Schnee gehüllt.
Und die helle Sonne und der sanfte Mond am Himmel
Beugen sich vor Deiner Erscheinung.

Sir John Bowring

KAPITEL 13

Die göttliche Erhabenheit

> O Herr, unser Gott, niemand ist Dir gleich im Himmel und auf Erden. Dein ist die Größe und die Würde und die Majestät. Dein ist alles, was im Himmel und auf Erden ist. Dein ist das Reich und die Kraft und die Herrlichkeit in Ewigkeit, o Gott, und Du bist erhöht als Haupt über allem. Amen.

Wenn wir von der Erhabenheit Gottes reden, so verstehen wir darunter natürlich, daß er so hoch über das erschaffene Universum erhöht ist, daß es das menschliche Denken nicht mehr erfassen kann.

Wir dürfen aber nicht vergessen, daß »hoch erhöht« nichts mit räumlicher Distanz zu tun hat, sondern sich auf die Qualität seines Seins bezieht. Wir interessieren uns hier nicht für Höhe oder eine Festlegung im Raum, sondern für das Leben.

Gott ist Geist, und Höhe und Weite sind ohne Bedeutung für ihn. Da sie aber für uns zu Vergleichs- und Illustrationszwecken nützlich sind, bezieht Gott sich immer wieder auf sie, wenn er sein Reden unserm begrenzten Verstehen anpaßt. Wenn Gott in Jesaja sagt: »So spricht der Hohe und Erhabene, der ewig wohnt« (Jes 57,15), dann erwecken diese Worte den Eindruck von Höhe. Doch das kommt daher, daß wir als Bewohner einer Welt, die bestimmt ist durch Materie, Raum und Zeit, dazu neigen, in eben diesen Kategorien zu denken. Wir vermögen abstrakte Ideen nur zu erfassen, wenn wir sie irgendwie mit materiellen Dingen identifizieren können. In seinem Ringen, sich von der Tyrannei der natürlichen Welt zu befreien, muß das menschliche Herz lernen, die Sprache, in der der Geist Gottes uns unterweist, ins Höhere zu übersetzen.

Erst der Geist verleiht der Materie Sinn, und ohne ihn ist letzten Endes alles wertlos. Ich will dies an einem Beispiel veranschaulichen, in dem sich ein kleines Kind von einer Gruppe, die zusammen einen Ausflug macht, entfernt, und auf dem Berge verirrt. Augenblicklich verändert sich die ganze geistige Perspektive der Gruppe. Die Bewunderung der Naturschönheit muß der Sorge um das verlorengegangene Kind Platz machen. Alle schwärmen in verschiedene Richtungen aus, man ruft nach dem Kind und sucht jeden verborgenen Winkel ab, an dem es sich eventuell befinden könnte. Was hat diese plötzliche Veränderung hervorgerufen? Der von Bäumen bedeckte Berg ist immer noch da und ragt mit atemberaubender Schönheit in die Höhe. Aber niemand schenkt ihm jetzt Beachtung. Die ganze Aufmerksamkeit konzentriert sich nunmehr auf die Suche nach dem kleinen Kind, das noch nicht einmal zwei Jahre alt ist und weniger als 15 Kilogramm wiegt. Obwohl es noch so jung und so klein ist, ist es den Eltern und Freunden mehr wert als der mächtige, uralte Berg, den sie noch vor ein paar Minuten bestaunt hatten. In dieser Entscheidung wird deutlich, wie hier die ganze zivilisierte Welt zusammenwirkt, denn das kleine Mädchen kann im Gegensatz zum Berg lieben und lachen, sprechen und beten. Die Qualität seines Seins macht den Wert dieses Kindes aus.

Dennoch dürfen wir das Wesen Gottes nie mit etwas anderem vergleichen, so wie wir es gerade mit dem Berg und dem Kind getan haben. Wir dürfen uns Gott nicht als ein an der Spitze stehendes höchstes Wesen einer Hierarchie vorstellen, die mit dem Einzeller beginnt und über Fisch und Vogel zum Menschen und über diesen zum Engel und zum Cherub bis hin zu Gott aufsteigt. Damit würden wir Gott zwar einen hohen, ja sogar den höchsten Rang einräumen, aber dies genügt nicht. Wir müssen ihm *Erhabenheit* im vollsten Sinne des Wortes zuschreiben. Gott ist ewig über allem und in einem Lichte, dem niemand nahen kann. Er steht ebenso hoch über einem Erzengel wie über einer Raupe, denn die Kluft, die den Erzengel von der Raupe trennt, ist endlich, während die Kluft zwischen Gott und dem Erzengel unendlich ist. Der Erzengel und die Raupe sind, obwohl weit voneinander entfernt, auf der Skala erschaffener Dinge eins, da sie gleicherweise erschaffen wurden. Sie gehören beide zur Kategorie des Nichtgöttlichen und sind durch die Unendlichkeit von Gott getrennt.

Scheu und Drang liegen in einem Herzen, das von Gott reden möchte, in ewigem Streit miteinander.

Wie sollen verdorbene Sterbliche es wagen,
Zu Deiner Ehre zu singen oder Deine Gnade zu loben?
Fern unter Deinen Füßen liegen wir
Und sehen nur die Schatten Deines Angesichts.

Isaac Watts

Doch trösten wir uns mit dem Wissen, daß Gott selbst das Suchen nach ihm in unsere Herzen gelegt hat und es auch ermöglicht hat, ihn bis zu einem gewissen Grad zu erkennen. Auch das schwächste Bemühen, von ihm zu zeugen, ist ihm wohlgefällig.

Käme irgendein heiliges Wesen aus der himmlischen Welt auf die Erde, für wie bedeutungslos würde es das endlose Geschwätz der geschäftigen Menschen halten! Wie fremd und leer erschienen ihm die flachen, abgedroschenen Worte, die Woche für Woche von so mancher Kanzel zu hören sind. Sollte der himmlische Besucher auf Erden sprechen – würde er nicht von Gott reden? Würde er seine Zuhörer nicht mit leidenschaftlichen Beschreibungen der Gottheit faszinieren und begeistern? Und könnten wir, nachdem wir ihn angehört hätten, je wieder mit etwas Geringerem als der Lehre von Gott zufrieden sein? Würden wir nach diesem Erlebnis nicht auch von unseren Lehrern verlangen, daß sie vom Berge des Gottschauens zu uns redeten oder sonst besser schwiegen?

Als der Psalmist die Sünde der Übeltäter sah, sagte ihm sein Herz, wie es dazu hatte kommen können. »Es ist keine Gottesfurcht bei ihnen«, erklärte er (Ps 36,1), und offenbarte uns damit die Psychologie der Sünde. Wenn die Menschen keine Ehrfurcht vor Gott haben, übertreten sie ohne Zögern die göttlichen Gebote. Die Furcht vor den Konsequenzen kann sie nicht mehr erschrecken, sobald die Gottesfurcht verschwunden ist.

Von unseren Vätern im Glauben hieß es, sie »wandelten in der Furcht Gottes« und »dienten dem Herrn in Furcht«. Wie intim ihre Gemeinschaft und wie kühn ihre Gebete auch waren, die Grundlage ihres Glaubenslebens war die Vorstellung von einem erhabenen und furchteinflößenden Gott. Diese Vorstellung durchzieht die ganze Bibel und veranschaulicht uns den Charakter der Heiligen. Diese Gottesfurcht war mehr als nur die Wahrnehmung einer Gefahr, sie war eine nicht-rationale Furcht, die den Menschen in der Gegenwart des allmächtigen Gottes ein Gefühl der eigenen Unzulänglichkeit vermittelte.

In biblischen Zeiten war das Resultat einer Gotteserscheinung stets dasselbe: die Menschen überkam ein übermächtiges Gefühl von Schrecken und Bestürzung, und die eigene Sündhaftigkeit und Schuld wurde ihnen plötzlich bewußt. Als Gott redete, warf sich Abraham flach auf die Erde, um zu hören. Als Mose dem Herrn im brennenden Busch begegnete, verbarg er sein Antlitz aus Furcht, Gott zu sehen. Als Jesaja Gott in einer Vision sah, schrie er: »Weh mir«, und bekannte: »Ich vergehe! Denn ich bin unreiner Lippen« (Jes 6,5).

Daniels Begegnung mit Gott war wahrscheinlich die fürchterlichste und zugleich wunderbarste von allen. Der Prophet hob seine Augen auf und sah Einen, dessen »Leib war wie ein Türkis, sein Antlitz sah aus wie ein Blitz, seine Augen wie feurige Fackeln, seine Arme und Füße wie helles, glattes Kupfer, und seine Rede war wie ein großes Brausen«. Und Daniel fährt fort: »Aber ich, Daniel, sah dies Gesicht allein, und die Männer, die bei mir waren, sahen's nicht; doch fiel ein großer Schrecken auf sie, so daß sie flohen und sich verkrochen. Ich blieb allein und sah dies große Gesicht. Es blieb aber keine Kraft in mir; jede Farbe wich aus meinem Antlitz, und ich hatte keine Kraft mehr. Und ich hörte seine Rede, und während ich sie hörte, sank ich ohnmächtig auf mein Angesicht zur Erde« (Dan 10,6–9).

Diese Erfahrungen zeigen, daß ein Schauen der göttlichen Erhabenheit jegliche Kontroverse zwischen Mensch und Gott augenblicklich beendet. Der Mensch gibt auf und ist bereit, wie Saulus zu fragen: »Herr, was willst du, daß ich tun soll?« (Apg 9,6). Heute dagegen sind Selbstsicherheit und grundsätzliche, in vielen unserer religiösen Zusammenkünfte anzutreffende Leichtfertigkeit sowie der schockierende Mangel an Ehrfurcht vor der Person Gottes Beweis genug für die große Blindheit des Herzens. Viele nennen sich Christen, sprechen viel von Gott und beten gelegentlich zu ihm. Aber offensichtlich wissen sie nicht, wer er ist. »Die Furcht des Herrn ist eine Quelle des Lebens« (Spr 14,27). Doch diese heilsame Furcht ist heute unter den Gläubigen nur sehr schwer zu finden.

Goethe brachte während eines Gespräches mit seinem Freund Eckermann die Rede auf die Religion und sprach vom Mißbrauch des Namens Gottes. »Die Leute traktieren ihn (den Namen Gottes), als wäre das unbegreifliche, gar nicht auszudenkende höchste Wesen nicht viel mehr als ihresgleichen. Sie würden sonst nicht sagen: der *Herr* Gott, der *liebe* Gott, der *gute* Gott. Er wird ihnen, besonders den Geistlichen, die ihn täglich im Munde führen, zu einer Phrase, zu einem bloßen Namen, wobei sie sich auch gar nichts denken. Wären sie aber durchdrungen von seiner Größe, sie würden verstummen und ihn vor Verehrung nicht nennen mögen.«[21]

Herr allen Seins, der Du im Himmel thronst,
Deine Herrlichkeit leuchtet wie Sonne und Stern;
Mittelpunkt und Seele jeder Sphäre,
Und doch wie nah jedem suchenden Herzen!

Herr allen Seins, in der Höhe wie in der Tiefe,
Dein Licht ist Wahrheit, und Wärme Deine Liebe.
Vor Deinem immer strahlendem Thron
Fragen wir nicht nach eigenem Glanz.

Oliver Wendell Holmes

KAPITEL 14

Gottes Allgegenwart

Unser Vater, wir wissen, Du bist bei uns. Aber unser Wissen ist nur ein Abbild und ein Schatten der Wahrheit und besitzt nur wenig von dem geistlichen Wohlgeschmack und der Süße, die ein solches Wissen mit sich bringen sollte. Das ist für uns von großem Schaden und die Ursache innerer Schwachheit. Hilf uns, daß unser Leben schon hier unverzüglich die notwendige Korrektur erhält, bevor wir die wahre Bedeutung der Worte: »Vor Deinem Angesicht ist Freude die Fülle« erfahren können. Amen.

Das Wort *gegenwärtig* bedeutet in unserem Sprachgebrauch *hier, nahe*, und die Vorsilbe *all* – verleiht ihm Universalität. Gott ist überall und nahe bei allen und allem.

Nicht jede Lehre wird in der Heiligen Schrift mit einer solchen Klarheit gelehrt wie die der göttlichen Allgegenwart. Die sich darauf beziehenden Bibelstellen sind so eindeutig, daß man sich schon ziemlich Mühe geben müßte, sie mißzuverstehen. Die Bibel lehrt, daß Gott in seiner Schöpfung wohnt, und es gibt keinen Ort im Himmel oder auf Erden, an dem sich der Mensch vor der Gegenwart Gottes verbergen könnte. Sie lehrt, daß Gott zur gleichen Zeit weit entfernt und dennoch nahe ist und daß die Menschen in ihm leben, weben und sind. Was gleichermaßen überzeugt, sind die Bibelstellen, die uns überall zu der Auffassung zwingen, daß die Allgegenwart Gottes auch in anderen Tatsachen zu finden ist.

Zum Beispiel lehrt uns die Bibel, daß Gott unendlich ist. Das bedeutet, daß sein Wesen keine Grenzen kennt. Darum kann auch seine Gegenwart nicht begrenzt werden; er ist allgegenwärtig. In seiner Unendlichkeit umgibt und umfaßt er die endliche Schöpfung. Außer in ihm gibt es keinen Ort, wo etwas sein könnte. Gott umgibt uns wie das Wasser die Fische und die Luft die Vögel. »Gott ist über allen Dingen«, schrieb Hildebert von Lavardin, »unter allen Dingen, außerhalb aller Dinge; er ist innerhalb, aber nicht eingeschlossen; außerhalb, aber nicht ausgeschlossen; er ist oben, aber nicht emporgehoben; unten, aber nicht erniedrigt; er ist gänzlich unter allem, indem er trägt; gänzlich in allem, indem er erfüllt.«[22]

Der Glaube, daß Gott in seinem Universum gegenwärtig ist, kann nicht isoliert dastehen. Er bringt praktische Auswirkungen auf vielen Gebieten des theologischen Denkens mit sich und steht in direkter Beziehung zu bestimmten religiösen Problemen wie zum Beispiel der Natur der Welt. Denkende Menschen aller Zeiten und jeder Kultur haben sich mit der Frage, welcher Art die Welt ist, beschäftigt: Leben wir in einer materiellen Welt, die von selbst funktioniert? Oder in einer geistigen Welt, die von unsichtbaren Mächten regiert wird? Erklärt sich dies ineinander verwobene System selbst, oder liegt alles in einem Geheimnis verborgen? Beginnt und endet der Strom des Seins in sich selbst oder gibt es eine Quelle hoch oben in den Bergen?

Die christliche Theologie erhebt den Anspruch, die Antwort auf diese Fragen zu besitzen. Sie hält sich nicht mit Spekulationen oder verschiedenen Meinungen auf, sondern sieht ihre Autorität in dem *So-spricht-der Herr*. Sie erklärt mit Entschiedenheit, daß die Welt geistigen Charakters ist, daß sie dem Geist entsprang, aus dem Geist lebt, in ihrem Wesen geistig ist und ohne den Geist, der ihr innewohnt, bedeutungslos wäre.

Die Lehre der göttlichen Allgegenwart verdeutlicht die Beziehungen des Menschen zum Universum, in dem er sich befindet. Diese große, zentrale Lehre verleiht allen anderen Wahrheiten Bedeutung und dem Leben des Menschen Wert. Gott ist gegenwärtig, er ist uns nahe, er ist bei uns. Dieser Gott sieht uns und kennt uns durch und durch. An diesem Punkt beginnt der Glaube, und wenn er auch tausend andere wunderbare Wahrheiten umfaßt, so gehen diese alle auf die eine Wahrheit zurück, nämlich: *daß Gott ist und daß Gott hier ist.* »Wer zu Gott kommen will«, heißt es im Hebräerbrief (11,6), »der muß glauben, daß er ist.« Und Jesus Christus selbst sagt: »Glaubt an Gott und glaubt an mich . . .« (Joh 14,1). Alles, was diesem grundlegenden Glauben an Gott hinzugefügt wird, ist nur ein Überbau und ruht immer noch fest auf dem ursprünglichen Fundament.

Das Neue Testament lehrt, daß Gott die Welt durch den *Logos*, das Wort, erschaffen hat, und das Wort wird mit der zweiten Person der Gottheit identifiziert, die schon in der Welt war, ehe sie in der Fleischwerdung menschliche Gestalt annahm. Durch das Wort wurden alle Dinge gemacht, und das Wort blieb in dieser Welt, um sie zu tragen und zu erhalten und um gleichzeitig ein moralisch-sittliches Licht zu sein, durch das jeder Mensch das Gute vom Bösen unterscheiden kann. Das geordnete System des Universums funktioniert nicht durch unpersönliche Gesetze, sondern durch die schöpferische Stimme der immanenten und universalen Gegenwart, durch den *Logos*.

Canon W. G. H. Holmes aus Indien erzählte, daß er einst Hindu-Gläubige dabei beobachtet habe, wie sie an Bäume schlugen und dabei flüsterten: »Bist du da? Bist du da?« Sie riefen nach einem Gott, den sie in den Bäumen zu finden hofften. In echter Demut kann jeder Christ auf diese Frage Antwort geben. Gott ist tatsächlich da. Er ist da, so wie er hier und überall ist, nicht an einen Baum oder einen Stein gebunden, sondern frei im Universum, allen, die ihn lieben, sofort durch Jesus Christus zugänglich.

Diese entscheidende Wahrheit und Lehre der Allgegenwart Gottes bedeutet für den überzeugten Christ eine Quelle tiefen Trostes im Leid und eine gewisse Zuversicht in mancherlei Erfahrungen seines Lebens. Für ihn bedeutet »die Praxis der Gegenwart Gottes« nicht ein aus sich selbst heraus projiziertes Objekt, dessen Gegenwart er zu realisieren versucht. Sie besteht vielmehr im Erkennen der tatsächlichen Gegenwart des Einen, der nach dem übereinstimmenden Zeugnis jeder gesunden Theologie bereits da ist – als objektive Ganzheit, die unabhängig davon, ob sie von seinen Geschöpfen erkannt wird oder nicht, existiert. Die daraus resultierende Erfahrung ist nicht eingebildet, sondern real.

Die Gewißheit, daß Gott uns immer nahe ist, gegenwärtig in allen Teilen seiner Welt, noch näher als unsere Gedanken, sollte uns die meiste Zeit über in einen erhebenden Glückszustand versetzen; jedoch nicht die ganze Zeit. Es wäre nicht ehrlich, jedem Gläubigen einen ständigen Jubel zu verheißen, und es wäre nicht realistisch, ihn zu erwarten. Wie ein Kind vor Schmerzen weint, auch wenn es in den Mutterarmen geborgen ist, so weiß auch der Gläubige manchmal, was es heißt, sogar in der ihm bewußten Gegenwart Gottes zu leiden. Obwohl »allezeit fröhlich«

(2 Kor 6,10), gibt Paulus doch zu, manchmal auch betrübt zu sein. Und Christus hat um unseretwillen »starkes Geschrei und Tränen« gekannt, obwohl er nie den Schoß des Vaters verlassen hatte (Joh 1,18).

Aber genau so soll es auch sein. In einer Welt wie dieser haben Tränen therapeutische Wirkung. Die sich offenbarende göttliche Gegenwart spendet einen heilsamen Balsam, der unsere Leiden heilt, bevor sie tödlich werden. Das Wissen, daß wir nie allein sind, glättet die unruhigen Wogen unseres Lebens und läßt den Frieden in unsere Herzen einziehen.

Daß Gott da ist, bezeugt uns sowohl die Bibel wie auch die Vernunft. Es ist an uns, dies in bewußter Erfahrung erkennen zu lernen. Ein Satz aus einem Brief von Dr. Allen Fleece steht für das Zeugnis von vielen anderen Gläubigen: »Das Wissen um die Gegenwart Gottes ist ein Segen; aber seine Gegenwart zu *fühlen*, das ist echtes Glück.«

Gott ist gegenwärtig.
Lasset uns anbeten
Und in Ehrfurcht vor Ihn treten.

Du allein sollst es sein,
Unser Gott und Herre,
Dir gebührt die Ehre.

Gott ist gegenwärtig,
Dem die Cherubinen
Tag und Nacht gebücket dienen.

GERHARD TERSTEEGEN

Kapitel 15

Die Treue Gottes

> Das ist ein köstlich Ding, Dir danken und Deinem Namen lobsingen, Du Höchster, des Morgens Deine Gnade und des Nachts Deine Treue verkündigen. Wie Dein Sohn, als er auf Erden weilte, Dir, seinem himmlischen Vater, treu war, so steht er jetzt im Himmel treu zu uns, seinen irdischen Brüdern. Und in diesem Wissen gehen wir vorwärts und sehen voller Zuversicht und Hoffnung der Zukunft entgegen. Amen.

Wie ich schon an anderen Stellen betonte, sind Gottes Eigenschaften nicht isolierte Charakterzüge, sondern Einzelteile seines ganzheitlichen Wesens. Sie sind nicht etwas, das in sich selbst besteht, sondern Gedanken, die wir über Gott haben, Aspekte eines vollkommenen Ganzen, Namen, mit denen wir das bezeichnen, was wir als Wahrheit der Gottheit erkannt haben.

Um ein richtiges Verständnis von Gottes Eigenschaften zu haben, ist es wichtig, daß wir sie als Einheit sehen. Wohl können wir jede einzeln untersuchen, aber wir können sie nicht voneinander trennen. »Alle Gott zugeschriebenen Eigenschaften können sich in Wirklichkeit – aufgrund der vollkommenen ›Einheit‹ Gottes – nicht voneinander unterscheiden, obgleich wir verschiedene Worte dafür gebrauchen«, sagt Nicolaus von Kues. »Deshalb, obwohl wir Gott Sehen, Hören, Schmecken, Riechen, Berühren, Fühlen, Denken, Verstand usw. zuschreiben – und das in jeder Bedeutung des jeweiligen Wortes –, ist doch bei ihm Sehen nichts anderes als Hören oder Schmecken, Riechen oder Berühren, Fühlen oder Verstehen. So formt alle Theologie sozusagen einen Kreis, da jede einzelne der Eigenschaften Gottes durch die anderen bestätigt wird.«[23]

Beim Studium der einzelnen Eigenschaften wird die eigentliche Einheit aller Eigenschaften bald ersichtlich. Zum Beispiel sehen wir, daß, wenn Gott unbedingt, in sich selbst existierend ist, er sich auch selbst genügen muß; und wenn er Macht hat, dann muß er – weil er unendlich ist – alle Macht haben. Wenn er Wissen besitzt, dann bedingt seine Unendlichkeit, daß er alles Wissen besitzt. Ähnlich ist von seiner Unveränderlichkeit auf seine Treue zu schließen. Ist er unwandelbar, so folgt daraus, daß er nicht untreu sein kann; denn das würde erfordern, daß er sich verändert. Eine Schwäche im göttlichen Wesen würde Unvollkommenheit bedeuten. Aber da Gott vollkommen ist, kann er keine Schwäche kennen. So erklärt eine Eigenschaft die andere und beweist, daß es lediglich flüchtige Eindrücke sind, die unser Sinn von der absolut vollkommenen Gottheit erhascht.

Alle Taten Gottes stehen in Übereinstimmung mit seinen Eigenschaften. Keine Eigenschaft widerspricht einer anderen, sondern sie harmonisieren miteinander und gehen in der unendlichen Tiefe der Gottheit ineinander über. Alles, was Gott tut, deckt sich mit dem, was Gott ist. Tun und Sein ist in ihm eins. Die bekannte Vorstellung von einem Gott, der zwischen seiner Gerechtigkeit und seiner Gnade hin und her gerissen ist, entspricht überhaupt nicht den Tatsachen; außerdem würde dies bedeuten, sich einen Gott vorzustellen, der sich seiner selbst nicht sicher, sondern frustriert und gefühlsmäßig unbeständig ist. Das hieße natürlich, daß der, von dem wir in dieser Weise denken, nicht der wahre Gott ist, sondern nur ein schwacher, vollkommen unscharfer geistiger Widerschein des lebendigen Gottes.

Gott kann aufgrund dessen, was er ist, nicht aufhören zu sein, was er ist. Und weil er ist, was er ist, kann er nicht im Widerspruch zu seinem Wesen handeln. Er ist gleichzeitig treu und unveränderlich, und so muß er auch in all seinen Worten und Taten treu sein und treu bleiben. Menschen werden untreu aus Vorsatz, Angst, Schwachheit, verlorengegangenem Interesse oder aufgrund eines starken äußeren Einflusses. Es liegt auf der Hand, daß nichts von alledem Gott auch nur im geringsten beeinflussen kann. Er ist sich selbst Grund für alles, was er ist und tut. Er kann nicht von außen her zu etwas gezwungen werden, sondern redet und handelt stets aus eigenem Antrieb, seinem souveränen Willen und Wohlgefallen entsprechend.

Es kann meiner Meinung nach bewiesen werden, daß jede Irrlehre, die der Gemeinde Jesu im Laufe der Jahre zu schaffen gemacht hat, entweder durch falsche Gottesvorstellungen oder durch Überbetonung bestimmter Lehren entstanden ist. Eine Eigenschaft so hervorzuheben, daß dadurch eine andere verdunkelt oder gar ausgeschlossen wird, bedeutet, sich in einen betrüblichen theologischen Morast zu versenken. Und trotzdem sind wir immer wieder versucht, genau das zu tun!

Zum Beispiel lehrt die Bibel, daß Gott Liebe ist. Durch die Art und Weise, wie manche das ausgelegt haben, ist Gottes Gerechtigkeit, die von der Bibel ja auch gelehrt wird, so gut wie geleugnet worden. Andere überspitzen die Lehre von der Güte Gottes so sehr, daß sie in Widerspruch zu seiner Heiligkeit gesetzt wird. Manche bringen es fertig, durch Überbetonung seines Erbarmens seine Wahrheit aufzuheben. Wieder andere verstehen die Souveränität Gottes in einer Weise, die seine Güte und Liebe zerstört oder auf ein Minimum herabsetzt.

Nur dann stehen wir der Wahrheit korrekt gegenüber, wenn wir all das zu glauben wagen, was Gott über sich selbst ausgesagt hat. Der Mensch lädt sich eine schwere Verantwortung auf, wenn er die Offenbarung Gottes um jene Teile zu verkürzen trachtet, die ihm in seiner Unwissenheit als anfechtbar erscheinen.

Wenn jemand unter uns so vermessen ist, etwas Derartiges zu versuchen, dann muß ja Blindheit auf ihn fallen. Dabei ist das völlig unnötig. Wir brauchen keine Angst davor zu haben, die Wahrheit so stehenzulassen, wie sie geschrieben ist. Es gibt unter den göttlichen Eigenschaften keine Konflikte. Gottes Wesen ist unitär, das heißt, vollkommen eins in sich. Es kann sich nicht spalten und zu gegebener Zeit der einen Eigenschaft entsprechend handeln, während die übrigen untätig bleiben. Alles, was Gott ist, muß mit all dem übereinstimmen, was Gott ist. Gerechtigkeit muß in der Gnade gegenwärtig sein, und Liebe im Gericht. So verhält es sich mit allen göttlichen Eigenschaften.

Für eine gesunde Theologie ist die Treue Gottes eine reine Tatsache, aber für den Gläubigen ist sie weit mehr. Zuerst wird sie vom Verstand erfaßt und wird dann zur Nahrung für die Seele. Denn die Bibel lehrt nicht nur die Wahrheit, sie zeigt auch ihren Nutzen für die Menschheit. Die inspirierten Schreiber standen mitten im Leben und waren Menschen wie wir. Was sie über Gott erfuhren, wurde für sie zu einem Schwert, zu einem Schild, zu einem Hammer. Es wurde ihre Lebensmotivation, ihre Hoffnung und ihre zuversichtliche Erwartung. Aus den objektiven theologischen Fakten leiteten ihre Herzen unzählige, beglückende persönliche Anwendungen ab! Die Psalmen sind voll von frohem Dank für die Treue Gottes. Das Neue Testament greift das Thema auf und preist die Treue Gottes, des Vaters, und seines Sohnes Jesu Christi, der vor Pontius Pilatus sein Zeugnis abgelegt hat. In der Offenbarung sehen wir Christus, wie er auf einem weißen Pferd seinem Triumph entgegenreitet, und seine Namen sind Treue und Wahrhaftigkeit.

Auch das christliche Lied preist die Eigenschaften Gottes, und unter diesen die göttliche Treue. In unsern Liederbüchern werden sie zu einer Quelle, aus der Ströme fröhlicher Melodien entspringen. Hier und dort mag sich noch ein altes Gesangbuch finden, dessen Lieder keinen Titel tragen. Dafür deutet eine in Schrägschrift vorangesetzte Zeile das Thema an, und das von Anbetung erfüllte Herz kann sich über das, was es da findet, nur freuen: »Preis der herrlichen Vollkommenheit Gottes«, »Weisheit, Majestät und Güte«, »Allwissenheit«, »Allmacht und Unwandelbarkeit«, »Herrlichkeit, Barmherzigkeit und Gnade« – das sind nur ein paar Beispiele, die einem 1849 in England herausgegebenen Gesangbuch entnommen sind. Doch jeder, der die christlichen Lieder kennt, weiß, daß die lange Reihe der geistlichen Lieder schon in der Frühzeit der Gemeinde Jesu ihren Anfang nahm. Von Anfang an weckte der Glaube an die Vollkommenheit Gottes in den Gläubigen frohe Zuversicht und lehrte sie zu allen Zeiten zu singen.

Gottes Treue ist der tragende Grund unserer Hoffnung auf die zukünftige Glückseligkeit. Sein Bund und seine Verheißungen stehen und fallen mit seiner Treue. Nur wenn wir die völlige Gewißheit haben, daß er treu ist, können wir im Frieden leben und zuversichtlich dem zukünftigen Leben entgegenblicken. Jeder von uns kann diese Wahrheit und alles, was sich daraus ergibt, für sich selbst und seine Bedürfnisse in Anspruch nehmen. Der Angefochtene, der Bekümmerte, der Furchtsame, der Niedergeschlagene – sie alle können neue Hoffnung und neuen Mut schöpfen in dem Wissen, daß unser Vater im Himmel treu ist. Er wird immer zu seinem Wort stehen. Die hartbedrängten Söhne des Bundes dürfen gewiß sein, daß er ihnen nie seine Barmherzigkeit entziehen und nie seine Treue brechen wird!

Glücklich der Mann, dessen Hoffnung sich auf den Gott Israels stützt;
Er schuf den Himmel und die Erde und die Meere mit Ihrem ganzen Gefolge;
Seine Wahrheit steht immer fest;
Er rettet die Unterdrückten, Er speiset die Armen,
Und keiner wird Seine Verheißung unerfüllt finden.

Isaac Watts

KAPITEL 16

Die Güte Gottes

> Tue uns Gutes nach Deinem Wohlgefallen, o Herr. Handle mit uns nicht nach unserm Verdienst, sondern wie es Dir, dem Gott, der Du bist, entspricht. So werden wir weder in dieser noch in der zukünftigen Welt etwas zu fürchten haben. Amen.

Das Wort *gut* ist für viele Menschen von so unterschiedlicher Bedeutung, daß wir dieses kurze Studium der Güte Gottes mit einer Definition beginnen müssen. Um die eigentliche Bedeutung des Wortes herauskristallisieren zu können, geht man am besten von einer Reihe sinnverwandter Wörter aus und kehrt auf verschiedenen Wegen wieder zum Ausgangspunkt zurück.

Wenn die christliche Theologie sagt, daß Gott gütig ist, so meint sie damit nicht dasselbe wie mit seiner Gerechtigkeit oder Heiligkeit. Die Heiligkeit Gottes wird vom Himmel herab wie mit Posaunenschall verkündigt und auf der Erde überall da, wo Gott sich den Menschen offenbart hat, von Heiligen und Weisen bestätigt. Doch wir befassen uns jetzt nicht mit seiner Heiligkeit, sondern mit seiner Güte, die etwas ganz anderes ist.

Die Güte Gottes ist das, was ihn freundlich, herzlich, wohlwollend und guten Willens den Menschen gegenüber macht. Er ist weichherzig und voller Mitgefühl und ist zu allen sittlichen Wesen offen und freundlich. Von Natur aus neigt er dazu, Segen zu schenken, und hat ein heiliges Wohlgefallen am Glück seines Volkes.

Daß Gott gütig ist, wird auf jeder Seite der Bibel gelehrt, das heißt zum Ausdruck gebracht, und muß als Glaubensgrundsatz akzeptiert werden, der ebenso unerschütterlich ist wie der Thron Gottes. Die Güte Gottes ist ein Grundstein, auf den sich jedes gesunde Denken über Gott und alle moralische Gesundheit gründet. Die Möglichkeit zuzulassen, daß Gott nicht gütig ist, würde heißen, die Gütigkeit allen Denkens zu leugnen und zur Verneinung jeglichen moralischen Urteils führen. Wenn Gott nicht gütig ist, kann es auch keine Unterscheidung zwischen Freundlichkeit und Grausamkeit geben, und Himmel könnte Hölle und Hölle könnte Himmel sein.

Die Güte Gottes ist die treibende Kraft hinter all den Segnungen, mit denen er uns täglich überschüttet. Gott erschuf uns, weil es seinem Herzen wohltat, und aus dem gleichen Grunde hat er uns auch erlöst.

Juliana von Norwich, die vor 600 Jahren lebte, hatte deutlich erkannt, daß die Grundlage für alles Glück die Güte Gottes ist. Das sechste Kapitel ihres unbeschreiblich schönen und scharfsinnigen kleinen Klassikers »*Revelations of Divine Love*« beginnt mit dem Satz: »Diese Darstellung dient dazu, unsere Herzen zu lehren, sich wohlweislich an die Güte Gottes zu klammern.« Sie erkannte, daß all unsere religiösen Aktivitäten und jedes Mittel, Gnade zu erlangen, so richtig und nützlich sie auch sein mögen, nichts wert sind, bis wir begreifen, daß der Hintergrund aller Taten Gottes eine spontane Güte ist, die wir nicht verdienen.

Die Güte Gottes ist wie all seine Eigenschaften selbstgewollt, unendlich, vollkommen und ewig. Weil Gott unwandelbar ist, verändert sich auch die Intensität seiner Herzensgüte nie. Er ist nie freundlicher gewesen, als er es jetzt ist, und er wird auch nie freundlicher sein. Bei ihm gilt kein Ansehen der Person, sondern er läßt seine Sonne über Böse und Gute scheinen, und er sendet seinen Regen auf die Gerechten wie auf die Ungerechten. Die Ursache seiner Güte liegt in ihm selbst. Alle, die diese Güte empfangen, haben ihren Anteil daran, ohne ihn verdient zu haben.

Der Verstand muß dem zustimmen, und alle moralische Einsicht und Weisheit anerkennt ohne weiteres, daß nicht einmal das reinste und beste menschliche Verhalten sich ein Verdienst erwerben kann. Die Güte Gottes ist stets unsere grundlegende Erwartung. Buße, obwohl notwendig, bringt keinen Verdienst, sondern ist eine Voraussetzung für den Empfang der Vergebung, die Gott in seiner Güte schenkt. Sie kann Gott keinerlei Verpflichtung auferlegen und macht ihn auch niemand gegenüber zum Schuldner. Er erhört Gebet, weil er gütig ist, und aus keinem anderen Grunde. Ebensowenig bringt uns der Glaube einen Verdienst. Er ist einfach das Vertrauen in die Güte Gottes, und Mangel an Glauben ist eine falsche Einstellung gegenüber dem heiligen Charakter Gottes.

Die ganze Einstellung der Menschheit würde sich verändern, könnten wir alle glauben, daß wir unter einem gnädigen Himmel wohnen, und daß Gott, obwohl hoch erhöht in Macht und Majestät, gerne unser Freund sein möchte.

Aber die Sünde hat uns furchtsam und zugleich selbstbewußt gemacht. Jahre der Auflehnung gegen Gott haben in uns eine Furcht hervorgerufen, die nicht an einem Tag überwunden werden kann. Der gefangengenommene Rebell tritt nur ungern in die Gegenwart des Königs, für dessen Sturz er lange gekämpft hat. Aber wenn es ihn aufrichtig gereut, darf er hinzutreten und auf die Güte des Herrn zählen, ohne daß ihm die Vergangenheit vorgehalten wird. Meister Eckhart ermutigt uns, daran zu denken, daß Gott, wenn wir zu ihm zurückkehren, uns unsere Sünden nicht anrechnet, und wären ihrer so viele wie die der ganzen Menschheit zusammen, sondern uns soviel Vertrauen schenkt, als hätten wir nie gesündigt.

Nun fragt aber ein vorsichtiger Mensch, der trotz seiner vergangenen Sünden mit Gott versöhnt werden möchte: »Wenn ich zu Gott komme, was wird er dann mit mir machen? Welche Einstellung wird er mir gegenüber haben, wie sich verhalten?«

Die Antwort darauf lautet: Er wird genau wie Jesus sein. »Wer mich sieht, der sieht den Vater«, sagte Jesus (Joh 14,9). Jesus Christus wandelte unter den Menschen auf Erden, um einem Geschlecht, das sich Gott ganz falsch vorstellte, zu zeigen, wie die wahre Natur des Vaters im Himmel ist. Das war nur eine seiner Taten, die er auf Erden vollbrachte, und er tat sie vollkommen.

Durch ihn erfahren wir, wie Gott sich den Menschen gegenüber verhält. Die Heuchler, die Unaufrichtigen, werden ihn kalt und abweisend finden, so wie sie es einst bei Jesus erlebten; aber die Bußfertigen werden in ihm einen gnädigen Gott finden. Wer sich selbst verurteilt, wird ihn großmütig und freundlich erleben. Den Furchtsamen gegenüber ist er freundlich, den Armen im Geiste vergibt er gerne, den Unwissenden gegenüber ist er nachsichtig. Die Schwachen behandelt er schonungsvoll, die Fremden gastfreundlich.

Wir können die Art, wie er uns aufnimmt, durch unsere eigene Haltung bestimmen. Obwohl die Freundlichkeit Gottes ein unendlicher, überfließender Quell der Herzlichkeit ist, zwingt Gott uns seine Aufmerksamkeit nicht auf. Wollen wir, daß er uns willkommen heißt wie den verlorenen Sohn, so müssen wir auch wie der verlorene Sohn kommen. Und wenn wir so kommen, wird es drinnen ein Willkommensfest mit Musik und Tanz geben, während es die Pharisäer und Gesetzesspezialisten draußen verdrießt, und der Vater wird sein Kind wieder an sein Herz drücken.

Die Größe Gottes löst in uns Furcht aus, seine Güte aber ermutigt uns, keine Angst vor ihm zu haben. Ihn zu fürchten, aber keine Angst zu haben – das ist das Paradoxon des Glaubens.

Du Gott, meine Hoffnung, meine himmlische Ruhe,
Meine ganze Freude hier auf Erden,
Erhöre meine dringliche Bitte;
Zeige mir Deine Güte;
Offenbare Dein seligmachendes Angesicht,
Den Glanz des Ewigen Tages.

Laß vor meinen, durch den Glauben erleuchteten Augen
Deine ganze gnadenvolle Güte vorbeiziehen.
Deine Güte rühme ich hoch;
Laß mich Dein freundliches Antlitz sehen:
Verkündige Deine Natur in meiner Seele,
Offenbare Deine Liebe und Deinen glorreichen Namen.

Charles Wesley

KAPITEL 17

Die Gerechtigkeit Gottes

Unser Vater, wir lieben Dich wegen Deiner Gerechtigkeit. Wir erkennen, daß Deine Gerichte durch und durch wahr und gerecht sind. Deine Gerechtigkeit erhält die Ordnung im All aufrecht und gewährleistet die Sicherheit aller, die ihr Vertrauen in Dich setzen. Wir leben, weil Du gerecht bist und barmherzig. Heilig, heilig, heilig, Herr, allmächtiger Gott, gerecht in all Deinen Wegen und heilig in all Deinen Werken. Amen.

Das Alte Testament spricht klar und eingehend von der Gerechtigkeit Gottes, und dies in einer so schönen Weise, wie es sonst in der Literatur nie zu finden ist. Als die Zerstörung Sodoms angekündigt wurde, trat Abraham für die Gerechten in der Stadt ein und erinnerte Gott daran, daß er in einer solchen menschlichen Notlage ebenso handeln würde. »Das sei ferne von dir, daß du das tust und tötest den Gerechten mit dem Gottlosen, so daß der Gerechte wäre gleich wie der Gottlose! Das sei ferne von dir! Sollte der Richter aller Welt nicht gerecht richten?« (1 Mo 18,25).

Die Psalmisten und Propheten Israels erkannten in Gott einen allmächtigen, hoch erhöhten und unparteiisch regierenden Herrscher. »Wolken und Dunkel sind um ihn her, Gerechtigkeit und Gericht sind seines Thrones Stütze« (Ps 97,2). Über den langersehnten Messias wurde prophezeit, er werde bei seinem Erscheinen das Volk mit Gerechtigkeit richten. Heilige Menschen, sonst voll zarten Mitgefühls, beteten, erzürnt über die Ungerechtigkeit der in der Welt Herrschenden: »Herr, du Gott der Vergeltung, du Gott der Vergeltung, erscheine! Erhebe dich, du Richter der Welt; vergilt den Hoffärtigen, was sie verdienen! Herr, wie lange sollen die Gottlosen, wie lange sollen die Gottlosen prahlen?« (Ps 94,1–3). Und diese Bitte ist nicht etwa als Ausdruck eines persönlichen Rachegefühls zu verstehen, sondern als Ausdruck der Sehnsucht nach Gerechtigkeit in der menschlichen Gesellschaft.

Männer wie David und Daniel bekannten angesichts der Gerechtigkeit Gottes ihre eigene Ungerechtigkeit, und dadurch gewannen ihre bußfertigen Gebete große Vollmacht und Wirksamkeit. »Du, Herr, bist gerecht, wir aber müssen uns alle heute schämen« (Dan 9,7). Als das lange zurückgehaltene Gericht Gottes über die Welt kommt, sieht Johannes die Schar der Überwinder am gläsernen, mit Feuer vermengten Meer stehen. In ihren Händen halten sie die Harfen Gottes. Sie singen das Lied des Moses und das Lied des Lammes, und das Thema ihres Gesanges ist die göttliche Gerechtigkeit: »Groß und wunderbar sind deine Werke, Herr, allmächtiger Gott! Gerecht und wahrhaftig sind deine Wege, du König der Völker. Wer sollte dich, Herr, nicht fürchten und deinen Namen nicht preisen? Denn du allein bist heilig! Ja, alle Völker werden kommen und anbeten vor dir, denn deine gerechten Gerichte sind offenbar geworden« (Offb 15,3 f.). Gerechtigkeit verkörpert die Idee moralischer Unparteilichkeit, und Ungerechtigkeit ist das genaue Gegenteil davon. So ist *Un*gerechtigkeit menschliches Denken und Tun ohne Gerechtigkeit. Gericht bedeutet die Ausführung der Gerechtigkeit in bestimmten Situationen und kann vorteilhaft oder unvorteilhaft ausfallen, je nachdem ob der Betroffene in seinem Herzen und Wandel gerecht oder ungerecht gewesen ist.

Manchmal heißt es: »Die Gerechtigkeit fordert von Gott, so zu handeln.« Das ist eine falsche Denk- und Ausdrucksweise; denn dies würde bedeuten, daß es neben Gott noch andere Rechtsgrundsätze gäbe, die ihn zu einer bestimmten Handlungsweise zwingen. Solche Grundsätze gibt es natürlich nicht. Und wenn es sie gäbe, würden sie über Gott stehen, denn nur eine höhere Macht kann Gehorsam fordern. In Wahrheit kann es nie etwas neben Gottes Natur geben, das ihn in irgendeiner Weise nötigen könnte. All seine Beweggründe entspringen seinem göttlichen Wesen. Nichts ist in Ewigkeit zum Wesen Gottes hinzugetan worden, nichts ist davon entfernt worden, und nichts hat sich verändert.

Wenn wir das Wort Gerechtigkeit in bezug auf Gott gebrauchen, so nennen wir damit eine göttliche Eigenschaft. Und wenn Gott gerecht handelt, so tut er es nicht, um einem objektiven Maßstab gerecht zu werden, sondern er verhält sich einfach seinem Wesen gemäß. So wie Gold nie in einer anderen Form als

Gold gefunden werden kann und sich nie verändert, so ist Gott Gott – immer, ausschließlich, völlig Gott. Er kann nie etwas anderes sein als das, was er ist. Alles im Universum ist nur so gut, wie es auf die Natur Gottes ausgerichtet ist, und es ist böse, wenn diese Ausrichtung nicht vorhanden ist. Gott ist sich selbst ein Gerechtigkeitsmaßstab, und wenn er böse Menschen richtet oder die Gerechten belohnt, handelt er nur seinem innersten Wesen entsprechend und ohne jegliche Beeinflussung von außen.

Alles dies scheint die Hoffnung auf Rechtfertigung des umkehrenden Sünders zunichte zu machen. Der christliche Philosoph und Theologe Anselm von Canterbury versuchte, den scheinbaren Widerspruch zwischen der Gerechtigkeit und dem Erbarmen Gottes aufzulösen. »Jedoch wie schonst du die Bösen«, will er von Gott wissen, »wenn du ganz gerecht und höchst gerecht bist?«[24] Dann blickte er in Erwartung einer Antwort direkt auf Gott; denn er wußte, daß er sie im Wesen Gottes finden konnte. Anselms Erkenntnisse können wie folgt umschrieben werden: Gottes Wesen ist eins. Es besteht nicht aus einer Anzahl von Teilen und Gliedern, die harmonisch zusammenwirken, sondern aus einem. Seine Gerechtigkeit schließt in keiner Weise sein Erbarmen aus. Von Gott so zu denken, wie wir uns manchmal einen freundlichen Richter vorstellen, der, durch das Gesetz gezwungen, unter Tränen und sich halb entschuldigend einen Menschen zum Tode verurteilt, ist des wahren Gottes gänzlich unwürdig. Gott kennt keinen inneren Zwiespalt. Keine Eigenschaft Gottes steht im Konflikt mit einer anderen.

Gottes Mitleid liegt in seiner Güte begründet, und Güte ohne Gerechtigkeit ist keine Güte. Gott verschont uns, weil er gütig ist, aber er könnte nicht gütig sein, wenn er nicht gerecht wäre. Wenn Gott die Bösen bestraft, so folgert Anselm, dann deshalb, weil es ihrer Bosheit entspricht; und wenn er die Bösen verschont, dann deshalb, weil es mit seiner Güte vereinbar ist. So tut Gott also, was ihm als dem in höchstem Grade gütigen Gott zusteht. Hier sucht der Verstand zu verstehen, nicht um zu glauben, sondern weil er schon glaubt.

Eine einfachere und vertrautere Lösung des Problems, wie Gott gerecht sein kann und dennoch den Ungerechten gerechtspricht, findet sich in der christlichen Erlösungslehre. Hier heißt es, daß aufgrund des Sühnewerkes Christi die Gerechtigkeit nicht vergewaltigt wird, wenn Gott einen Sünder verschont, sondern daß ihr Genüge getan wird. Die Theologie der Erlösung lehrt, daß das Erbarmen über den Menschen nicht wirksam wird, bis die Gerechtigkeit ihr Werk getan hat. Die gerechte Strafe für die Sünde wurde vollzogen, als Christus, unser Stellvertreter, für uns am Kreuz starb. So unangenehm das in den Ohren des natürlichen Menschen klingen mag, so lieblich ist es für die Ohren des Glaubenden. Millionen von Menschen sind durch diese Botschaft moralisch und geistlich umgewandelt worden, haben ein von großer sittlicher Kraft getragenes Leben geführt und sind schließlich im Vertrauen darauf im Frieden gestorben.

Daß der Gerechtigkeit Genüge getan wurde und nun das Erbarmen handelt, ist mehr als willkommene theologische Theorie. Es bedeutet vielmehr die Verkündigung einer Tatsache, die aufgrund unserer großen menschlichen Not zu einer Notwendigkeit geworden ist. Durch unsere Sünde schwebt über uns allen ein Todesurteil; wir sind unter einem Gericht, das herbeigeführt wurde, als die Gerechtigkeit mit unserer moralischen Situation konfrontiert wurde. Als die unendliche Gerechtigkeit mit unserer chronischen und willentlichen Ungerechtigkeit zusammenstieß, kam es zwischen den beiden zu einem heftigen Kampf, den Gott gewann und immer gewinnen muß. Doch wenn der reuige Sünder sich auf Christus und sein Heil stützt, wird die moralische Situation umgekehrt. Die Gerechtigkeit wird mit der veränderten Situation konfrontiert und spricht den glaubenden Menschen gerecht. Auf diese Weise tritt die Gerechtigkeit tatsächlich auf die Seite derer, die auf Gott als seine Kinder vertrauen. Das ist der Sinn jener kühnen Worte des Apostels Johannes: »Wenn wir aber unsre Sünden bekennen, so ist er treu und gerecht, daß er uns die Sünden vergibt und reinigt uns von aller Ungerechtigkeit« (1 Jo 1,9).

Aber Gottes Gerechtigkeit wird gegen den Sünder immer in äußerster Strenge Stellung nehmen. Die vage und klägliche Hoffnung, daß Gott zu gütig sei, um die Gottlosen zu strafen, ist zu einem tödlichen Betäubungsmittel für das Gewissen von Millionen von Menschen geworden. Sie beschwichtigt ihre Befürchtungen und gestattet ihnen, alle Schlechtigkeit zu praktizieren, während der Tod jeden Tag näher rückt und der Befehl zur Buße unbeachtet verhallt. Als verantwortliche sittliche Wesen dürften wir es nicht wagen, so mit unserem ewigen Schicksal zu spielen!

Christi Blut und Gerechtigkeit,
Das ist mein Schmuck und Ehrenkleid,
Damit will ich vor Gott bestehn,
Wenn ich zum Himmel werd eingehn.

Drum soll auch dieses Blut allein
Mein Trost und meine Hoffnung sein;
Ich bau im Leben und im Tod
Allein auf Jesu Wunden rot.

Strophe I: Graf N. L. von Zinzendorf
Strophe II: Christian Gregor

Kapitel 18

Die Barmherzigkeit Gottes

Heiliger Vater, Deine Weisheit erweckt unser Staunen, Deine Macht erfüllt uns mit Schrecken, Deine Allgegenwart macht jeden Flecken Erde zu einem heiligen Ort. Doch wie können wir Dir nur genug für Deine Barmherzigkeit danken, die uns in tiefster Not widerfährt und uns Schmuck statt Asche, Freudenöl statt Trauerkleid und Lobgesang statt eines betrübten Geistes gibt. Wir loben und rühmen Deine Barmherzigkeit durch Jesus Christus, unsern Herrn. Amen.

Wenn wir Kinder des Schattens durch das Blut des ewigen Bundes endlich unsere Heimat droben im Lichte erreichen, werden wir tausend Saiten auf unserer Harfe haben, aber die wohlklingendste wird wohl jene sein, die am vollkommensten zum Ruhm der Barmherzigkeit Gottes erklingt!

Denn was für ein Recht haben wir, dort zu sein? Beteiligten wir uns nicht durch unsere Sünden an jener unheiligen Rebellion, durch die der herrliche König der Schöpfung tollkühn vom Thron gestürzt werden sollte? Gingen wir unseren Weg früher nicht nach der Weise der Welt, nach dem Mächtigen, der in der Luft herrscht, dem Geist, der zu dieser Zeit sein Werk in den Kindern des Unglaubens wirkt? Lebten wir einst nicht alle in den Lüsten des Fleisches? Waren wir nicht von Natur aus Kinder des Zornes wie die andern? Aber wir, die wir einst Feinde Gottes und ihm durch böse Werke entfremdet waren, wir werden Gott dann von Angesicht zu Angesicht schauen, und sein Name wird auf unserer Stirne geschrieben sein. Wir hätten Ächtung verdient und werden statt dessen die Freude der Gemeinschaft erleben. Wir hätten die Qualen der Hölle verdient und werden doch die Seligkeit des Himmels erfahren. Dies alles kann nur durch die Barmherzigkeit unseres Gottes geschehen, die die Herrlichkeit aus der Höhe zu uns herabsteigen ließ.

Wenn meine anbetende Seele, o mein Gott,
Alle Deine Barmherzigkeit erfaßt,
Verliere ich mich in Verwunderung, Liebe und Lob.

JOSEPH ADDISON

Barmherzigkeit ist eine Eigenschaft Gottes, eine unendliche und unerschöpfliche Energie der göttlichen Natur, die Gott zu einem teilnehmenden Mitleid bewegt. Sowohl das Alte wie das Neue Testament bezeugen die Barmherzigkeit Gottes; das Alte Testament hat sogar mehr als viermal soviel darüber zu sagen wie das Neue Testament.

Wir sollten die übliche, jedoch falsche Vorstellung aus unserem Sinn verbannen, Gerechtigkeit und Gericht charakterisierten den Gott Israels und Barmherzigkeit und Gnade den Herrn der Gemeinde, denn in Wirklichkeit besteht prinzipiell kein Unterschied zwischen dem Alten und dem Neuen Testament. Auch wenn das Neue Testament mehr den Erlösungsplan Gottes entfaltet, so redet Gott doch in beiden Teilen gleich, und was er redet, entspricht dem, was er ist. Wo und wann immer Gott Menschen erscheint, handelt er seinem Wesen gemäß. Ob im Garten Eden oder im Garten Gethsemane – Gott ist sowohl barmherzig wie gerecht. Er hat der Menschheit von jeher Barmherzigkeit erwiesen, und er wird seine Gerechtigkeit immer an ihr erweisen, auch wenn seine Barmherzigkeit ausgeschlagen wird. So tat er es zu vorsintflutlichen Zeiten; so tat er es, als Christus unter den Menschen weilte; so tut er es heute, und so wird er es immer tun, weil er Gott ist.

Wenn wir nur begreifen könnten, daß die göttliche Barmherzigkeit keine vorübergehende Laune, sondern eine Eigenschaft des unvergänglichen Gottes ist, so würden wir nicht mehr länger befürchten, sie könnte eines Tages zu Ende sein. Barmherzigkeit hat nie angefangen zu sein, sondern besteht von Ewigkeit her. So wird sie auch kein Ende haben. Sie wird nie zunehmen, weil sie in sich selbst schon unendlich ist; und sie wird nie abnehmen, weil das Unendliche keine Verminderung kennt. Nichts, was im Himmel, auf Erden oder in der Hölle geschehen ist oder geschehen wird, kann etwas am gnädigen Erbarmen unseres Gottes ändern. Seine Barmherzigkeit steht ewig fest – eine grenzenlose, überwältigende Unermeßlichkeit göttlichen Mitleids.

Gleich wie das Gericht Gottes Gerechtigkeit gegenüber moralischer Ungerechtigkeit ist, so ist Barmherzigkeit die Güte Gottes gegenüber menschlichem Leiden und Verschulden. Gäbe es keine Schuld in der Welt, keinen Schmerz und keine Tränen, wäre Gott dennoch voll unendlichen Erbarmens, wenn auch vielleicht in der Verborgenheit seines Herzens und dem erschaffenen Universum unbekannt. Keine Stimme würde sich dann erheben, um die Barmherzigkeit zu rühmen, der niemand bedürfte. Das Elend und die Sünde des Menschen ist es, was die göttliche Barmherzigkeit auslöst. »*Kyrie eleison*! *Christe eleison*!« (Herr, bzw. Christus, erbarme Dich) hat die Kirche Jahrhunderte hindurch gebetet. Aber wenn ich mich nicht täusche, höre ich darin einen Ton von Traurigkeit und Verzweiflung. Ihr klagendes, oftmals in diesem niedergeschlagenen, resignierenden Ton wiederholtes Gebet zwingt einen zur Vermutung, daß sie um einen Segen bittet, den sie in Wirklichkeit gar nicht zu empfangen erwartet. Sie mag weiterhin pflichtgemäß die Größe Gottes besingen und das Glaubensbekenntnis unzählige Male hersagen, aber ihre Bitte um Barmherzigkeit tönt wie eine verlorene Hoffnung – als ob Barmherzigkeit eine himmlische Gabe wäre, nach der man sich wohl sehnt, die man jedoch nie richtig erfährt.

Ist diese Unfähigkeit, die echte, bewußt erlebte Freude der Barmherzigkeit zu erfassen, das Resultat unseres Unglaubens oder unserer Unwissenheit oder beider zusammen? Das war einst in Israel der Fall. »Denn ich bezeuge ihnen«, sagte Paulus über Israel, »daß sie Eifer für Gott haben, aber ohne Einsicht« (Röm 10,2). Sie versagten, weil es zumindest eine Sache gab, die sie nicht wußten, eine Sache, die den ganzen Unterschied ausgemacht hätte. Über die Israeliten in der Wüste heißt es im Hebräerbrief: »Aber das Wort der Predigt half jenen nichts, weil sie nicht glaubten, als sie es hörten« (Hebr 4,2). Um Barmherzigkeit erlangen zu können, müssen wir zuerst wissen, daß Gott barmherzig ist. Es genügt nicht zu glauben, daß er sich einst über Noah oder Abraham oder David erbarmte und daß er irgendwann einmal in der Zukunft seine Barmherzigkeit wieder zeigen wird. Wir müssen glauben, daß Gottes Barmherzigkeit grenzenlos und frei ist, und daß sie uns durch unsern Herrn Jesus Christus jetzt, in unserer gegenwärtigen Lage, zugänglich ist.

Wir können ein Leben lang ungläubig um Barmherzigkeit bitten und am Ende unserer Tage trotzdem nur die schwache Hoffnung haben, sie irgendwo und irgendwann einmal zu empfangen. Das hieße verhungern, während nebenan der Festsaal ist, den wir trotz freundlicher Einladung nicht betreten haben. Wir können aber auch, wenn wir wollen, im Glauben die Barmherzigkeit Gottes erfassen, in den Festsaal eintreten und uns mit verlangenden Seelen, die sich nicht durch Schüchternheit und Unglauben vom Fest und den für sie bereiteten guten Dingen abhalten ließen, niedersetzen.

Steh auf, meine Seele, steh auf;
Schüttle Deine schuldbeladenen Ängste ab;
Das um meinetwillen blutende Opfer erscheint;
Vor dem Thron steht, der für mich bürgt.
Mein Name steht in Seinen Händen geschrieben.

Mein Gott ist versöhnt;
Ich höre Seine vergebende Stimme;
Er bekennt sich zu mir als zu Seinem Kind;
Ich brauche mich nicht länger zu fürchten;
Zuversicht stärkt mich,
Und ich rufe: »Abba, lieber Vater!«

Charles Wesley

Kapitel 19

Die Gnade Gottes

> Gott aller Gnade, der Du uns gegenüber nur Gedanken des Friedens und nicht des Leidens hast, gib uns ein Herz voller Glauben, daß wir angenommen sind in dem Geliebten, und gib uns den Sinn, jene Vollkommenheit Deiner Weisheit zu bewundern, die einen Weg gefunden hat, die Reinheit des Himmels zu bewahren und uns dennoch darin aufzunehmen. Wir können nur staunen, daß ein so heiliger und gewaltiger Gott wie Du uns in seinen Festsaal einlädt und uns mit dem Banner der Liebe bedeckt. Wir vermögen die Dankbarkeit, die wir empfinden, nicht auszudrücken. Sieh Du darum in unsere Herzen hinein, um sie dort zu erkennen. Amen.

In Gott sind Barmherzigkeit und Gnade eins. Doch in unsern Augen erscheinen sie als zwei Dinge, die verwandt, aber nicht identisch sind.

So wie Barmherzigkeit die Güte Gottes gegenüber dem Elend und der Schuld des Menschen ist, so ist Gnade seine Güte gegenüber menschlichem Verschulden und mangelndem Verdienst. Es geschieht durch Gnade, daß Gott da Verdienst beimißt, wo vorher keiner bestand, und Freiheit von Schuld ermöglicht, wo früher Schuld bestand.

Gnade ist das Wohlgefallen Gottes, das ihn bewegt, dem Wohltaten zu erweisen, der sie nicht verdient hat. Sie ist ein der göttlichen Natur innewohnender Grundsatz und erscheint uns als eine Neigung, sich des Elenden zu erbarmen, den Schuldigen zu schonen, den Ausgestoßenen aufzunehmen und denjenigen wohlgefällig und angenehm zu machen, der sich eine berechtigte Mißbilligung zugezogen hat. Ihr Nutzen für uns sündige Menschen besteht darin, daß wir gerettet und in das himmlische Wesen in Christus Jesus versetzt werden, damit er in den kommenden Zeiten den überschwenglichen Reichtum seiner Gnade durch seine Güte gegen uns in Christus Jesus erzeigt (Eph 2,7).

Wir tragen aus dieser Tatsache, daß Gott gerade das ist, was er ist, ewigen Nutzen. Weil er ist, was er ist, öffnet er uns die Gefängnistür, vertauscht unser Sträflingskleid mit einem königlichen Gewand und läßt uns alle Tage unseres Lebens an seinem Tische essen.

Die Gnade hat ihren Ursprung im Herzen Gottes, in der unfaßbaren Tiefe seines heiligen Seins, aber der Kanal, durch den sie zu den Menschen fließt, ist der Gekreuzigte und Auferstandene, Jesus Christus. Der Apostel Paulus, der wie kein anderer die Erlösungsgnade beschrieben hat, trennt Gottes Gnade nie vom gekreuzigten Sohn Gottes. In seiner Lehre gehören die beiden immer zusammen, organisch eins und unzertrennbar.

Eine umfassende, klare Zusammenfassung der Lehre des Paulus über dieses Thema findet man in seinem Brief an die Epheser: ». . . in seiner Liebe hat er uns dazu vorherbestimmt, seine Kinder zu sein durch Jesus Christus nach dem Wohlgefallen seines Willens, zum Lob seiner herrlichen Gnade, mit der er uns begnadet hat in dem Geliebten. In ihm haben wir die Erlösung durch sein Blut, die Vergebung der Sünden nach dem Reichtum seiner Gnade« (Eph 1,4b–7).

Auch Johannes identifiziert in seinem Evangelium Christus als das Werkzeug, durch welches die Gnade zu den Menschen gelangt: »Denn das Gesetz ist durch Mose gegeben; die Gnade und Wahrheit ist durch Jesus Christus geworden« (Joh 1,17).

Aber gerade hier verfehlt man leicht den Weg und irrt von der Wahrheit ab, was schon so manche getan haben. Sie isolierten diesen Vers von den anderen Bibelstellen, die sich auf die Gnade Gottes beziehen, und haben daraus eine Lehre abgeleitet, die besagt, daß Mose nur das Gesetz kannte und Christus nur die Gnade. So wird aus dem Alten Testament ein Gesetzbuch und aus dem Neuen Testament ein Gnadenbuch.

Ein Blick in die Zehn Gebote (2 Mo 20; 5 Mo 5) zeigt aber, daß das Gesetz, das Gott durch Mose dem Volk Israel gab, im Grunde mit dem Evangelium, mit der Botschaft von der Rettung durch Gott beginnt – und somit mit der Gnade. »Ich bin der Herr, dein Gott, der ich dich aus Ägyptenland, aus der Knechtschaft, geführt habe« (2 Mo 20,2) lautet der Auftakt, die Überschrift der Zehn Gebote. Dieses Wort verweist auf das Geschehen bei Israels

Durchzug durch das Schilfmeer (2 Mo 14), bei dem sich Gott als rettender Gott erwies. Gott ist Gott *für* Israel; vor seinem *Anspruch*, den er in seinen Geboten diesem Volk vor Augen führte, erfolgte sein *Zuspruch*, sein gnädiges Handeln an Israel. Der gnädig rettende Gott ist zugleich der heilige, beanspruchende Gott, der die Erretteten in eine – in *seine* – Ordnung hineinnimmt – in eine Ordnung, die schon vor Grundlegung der Welt bestand und die jetzt für die, die Gott gehören, Weisung und Lebenshilfe ist. Ähnlich zeigt dies Paulus im Römerbrief: Während er in den ersten Kapiteln die voraussetzungslose Gnade Gottes, die »ohne Verdienst gerecht« macht (Röm 3,24), vor Augen führt, stellt er ab Römer 12 den Anspruch Gottes heraus, der diejenigen, die die freie Gnade umsonst empfangen haben, in den Gehorsam gegenüber Gott nimmt. Die Gnade Gottes ist keine »billige Gnade«, mit der die Beschenkten umgehen könnten, wie sie wollten, sondern diese Gnade *befreit und nimmt in Anspruch zugleich*. Nach keiner von diesen beiden Seiten hin darf Gottes Gnade vereinseitigt werden, sonst wird sie entweder zur »billigen Gnade« oder zum »tötenden Gesetz«. Bereits die Zehn Gebote mit ihrem vielfachen »Du sollst/du sollst nicht« und ihrem »Vorwort« weisen darauf hin.

Wären die alttestamentlichen Zeiten nur Zeiten unbeugsamer Gesetzesstrenge gewesen, so wäre die ganze damalige Welt bei weitem weniger heiter gewesen, als wir sie in den alten Schriften beschrieben finden. Es hätte keinen Abraham, den Freund Gottes, gegeben; keinen David, den Mann nach dem Herzen Gottes; keinen Samuel, keinen Jesaja, keinen Daniel. Das elfte Kapitel des Hebräerbriefes, diese Aufzählung der Glaubenshelden des Alten Testamentes, würde dunkel und leer dastehen. Die Gnade machte den Glauben in alttestamentlichen Tagen ebenso möglich, wie sie es heute tut.

Angefangen bei Abel ist bis zum heutigen Tage keiner auf eine andere Weise gerettet worden als durch Gnade. Seit die Menschheit aus dem Garten Eden vertrieben wurde, konnte kein Mensch Gottes Wohlgefallen wiedererlangen, außer durch die reine Güte Gottes. Wo immer einem Menschen Gnade widerfuhr, geschah es durch Jesus Christus. Die Gnade kam durch ihn, aber sie wartete nicht auf seine Geburt in der Krippe oder auf seinen Tod am Kreuz, bevor sie zu wirken anfing. Christus ist ein Lamm, das von Grundlegung der Welt an geschlagen wurde. Der allererste Mensch, der wieder in die Gemeinschaft mit Gott gelangte, kam zu ihm durch den Glauben an Jesus. In früheren Zeiten blickten die Menschen auf das zukünftige Erlösungswerk Christi, später blickten sie darauf zurück. Doch immer kamen und kommen sie im Glauben durch Gnade.

Wir dürfen nicht vergessen, daß die Gnade Gottes unendlich und ewig ist. So wie sie keinen Anfang hat, kann sie auch kein Ende nehmen, und da sie eine Eigenschaft Gottes ist, ist sie so grenzenlos wie die Unendlichkeit.

Statt sich anzustrengen, dies als eine theologische Tatsache erfassen zu können, wäre es besser und einfacher, die Gnade Gottes mit unserem Bedürfnis zu vergleichen. Wir werden nie die ganze Ungeheuerlichkeit unserer Sünde erkennen, und das ist auch nicht nötig. Was wir aber erkennen können, ist, daß da, »wo die Sünde mächtig geworden ist, die Gnade noch viel mächtiger geworden« ist (Röm 5,20).

So zu sündigen, daß »die Sünde mächtig« wird, ist das Schlimmste, was wir tun können. Aber obwohl wir spüren, daß sich unsere Sünden wie ein Riesenberg auftürmen, hat dieser Berg doch seine Grenze, indem er so hoch ist und nicht höher. Aber wer wollte die grenzenlose Gnade Gottes definieren? Ihr »*viel mächtiger*« führt unsere Vorstellung in die Unendlichkeit, und hier hört unser Verstehen auf. Hier können wir Gott nur noch danken für die Gnade, die mächtiger ist als all unsere Sünde!

Wir, die wir uns der Gemeinschaft mit Gott entfremdet fühlen, dürfen zu unserer Ermutigung nunmehr das Haupt emporheben und aufblicken. Durch den Opfertod Jesu Christi ist die Ursache unserer Vertreibung beseitigt worden. Wir dürfen als verlorene Söhne zurückkehren und finden bei Gott eine offene Türe. Wenn wir uns dem Garten Eden, unserem Zuhause vor dem Sündenfall, nähern, stellen wir fest, daß das flammende Schwert nicht mehr da ist. Die Hüter des Lebensbaumes treten vor einem Sohn der Gnade zur Seite.

Kehre zurück, du Wanderer, kehre nun zurück
Und suche deines Vaters Angesicht;

Jene neuen Verlangen, die in dir brennen,
Wurden durch Seine Gnade entzündet.

Kehre zurück, du Wanderer, kehre nun zurück,
Und wische die fallende Träne weg.
Dein Vater ruft – trauere nicht länger;
Liebe lädt dich ein.

William Benco Collyer

KAPITEL 20

Die Liebe Gottes

Unser Vater, der Du bist im Himmel! Wir, Deine Kinder, sind oft bekümmert, weil wir in uns zur gleichen Zeit den Zuspruch des Glaubens und die Anklage des Gewissens hören. Wir wissen nur zu gut, daß in uns nichts ist, was die Liebe eines so Heiligen und Gerechten, wie Du es bist, gewinnen könnte. Doch Du hast Deine unwandelbare Liebe zu uns in Christus Jesus bezeugt. Wenn nichts in uns Deine Liebe gewinnen kann, so kann auch nichts im Universum Dich daran hindern, uns zu lieben. Deine Liebe ist unverdient und kommt aus freien Stücken. Du selbst bist der Grund für die Liebe, mit der wir geliebt werden. Hilf uns, an die Intensität und die Ewigkeit der Liebe zu glauben, die uns gefunden hat. Dann wird die Liebe die Furcht vertreiben, und unsere bekümmerten Herzen werden zum Frieden erhalten, indem wir nicht darauf vertrauen, was wir sind, sondern darauf, was Du über Dich selbst gesagt hast. Amen.

Der Apostel Johannes schrieb vom Geist getrieben: »Gott ist Liebe«, und manche haben seine Worte als eine definitive Aussage über das Wesen Gottes aufgefaßt. Das ist ein großer Irrtum. Johannes hat mit seinen Worten eine Tatsache bezeugt, aber niemals eine Definition angeboten.

Die Liebe mit Gott gleichsetzen zu wollen, ist absolut falsch, und dieser Fehler wurde zum Ursprung ungesunder Religionsphilosophie und einer Flut von nebelhafter Poesie, die überhaupt nicht mit der Heiligen Schrift übereinstimmen und aus einem anderen Klima stammen als das historische Christentum.

Hätte der Apostel gesagt, daß Liebe das ist, was Gott ist, wären wir zu der Annahme gezwungen, daß Gott das ist, was Liebe ist. Wenn Gott buchstäblich Liebe ist, dann ist Liebe buchstäblich Gott, und wir müßten die Liebe als den einzigen Gott anbeten, den es gibt. Wenn Liebe mit Gott gleich ist, dann ist Gott nur mit

Liebe gleich, und Liebe und Gott wären identisch. Auf diese Weise aber zerstören wir das Konzept der Persönlichkeit Gottes und leugnen alle seine Eigenschaften – mit einer Ausnahme, und diese Ausnahme setzen wir an Gottes Stelle. Der Gott, den wir damit verlassen haben, ist nicht der Gott Israels. Er ist nicht der Gott und Vater unseres Herrn Jesus Christus. Er ist nicht der Gott der Propheten und der Apostel. Er ist nicht der Gott der Heiligen, der Reformatoren und der Märtyrer. Und er ist auch nicht der Gott der Theologen und der Liederdichter der Gemeinde Jesu.

Wir müssen um der eigenen Seele willen lernen, die Heilige Schrift zu verstehen. Wir müssen der Sklaverei der Worte entfliehen und uns statt dessen treu an ihre Bedeutung halten. Worte sollen Gedanken zum Ausdruck bringen, aber nicht erzeugen. Wir sagen, daß Gott Liebe ist. Wir sagen, daß Gott Licht ist. Wir sagen, daß Christus die Wahrheit ist. Und wir wollen solche Worte in ähnlicher Weise verstanden wissen, wie wenn man von einem Mann sagt: »Er ist die Freundlichkeit selbst.« Damit stellen wir keinesfalls fest, daß Freundlichkeit und dieser Mann identisch sind, und niemand würde unsere Worte in diesem Sinne verstehen.

Die Worte »Gott ist Liebe« bedeuten, daß Liebe eine wesentliche Eigenschaft Gottes ist. Liebe ist etwas, das auf Gott zutrifft, aber sie ist nicht Gott. Sie drückt die Art aus, wie Gott in seinem Wesen ist, ebenso wie die Worte Heiligkeit, Gerechtigkeit, Treue und Wahrheit. Weil Gott unwandelbar ist, handelt er immer sich selbst entsprechend, und weil er eine Wesenseinheit ist, stellt er nie eine seiner Eigenschaften zurück, um eine andere zum Zuge kommen zu lassen.

Von den anderen uns bekannten göttlichen Eigenschaften können wir viel über Gottes Liebe lernen. Aus der Unbedingtheit Gottes zum Beispiel können wir schließen, daß seinc Liebe keinen Anfang hat. Weil er ewig ist, kann seine Liebe auch kcin Ende haben. Weil er unendlich ist, kennt sie keine Grenzen. Weil er heilig ist, ist sie die Quintessenz aller makellosen Reinheit. Weil er unermeßlich ist, ist seine Liebe ein unbegreiflich großer, grund- und uferloser Ozean, vor dem wir in beglücktem Schweigen niederknien und vor dem sich die schönsten Worte verwirrt und beschämt zurückziehen müssen.

Doch wenn wir Gott kennen und um anderer willen von ihm sprechen, so müssen wir versuchen, von seiner Liebe zu reden. Alle Gläubigen haben das schon versucht, aber noch keiner hat es wirklich sehr gut gemacht. Ich vermag diesem gewaltigen und wundervollen Thema ebensowenig gerecht zu werden, wie ein Kind nach Sternen fassen kann. Aber es kann, indem es nach einem Stern greifen will, die Aufmerksamkeit auf ihn lenken und die Richtung angeben, in welche man schauen muß, um ihn zu sehen. Wenn ich also von der herrlichen, leuchtenden Liebe Gottes rede, wird vielleicht irgend jemand, der vorher noch nichts von ihr wußte, dadurch ermutigt, nach oben zu blicken und Hoffnung zu schöpfen!

Wir wissen es nicht und werden vielleicht auch nie richtig wissen, was Liebe *ist*. Aber wir können wissen, wie sie sich kundtut, und das ist für uns in diesem Zusammenhang genug. Zunächst einmal tut sie sich als Wohlwollen kund. Liebe will für alle das Gute, nie das Schlechte. Das erklärt die Worte des Apostels Johannes: »Furcht ist nicht in der Liebe, sondern die vollkommene Liebe treibt die Furcht aus« (1 Jo 4,17b–18a). Furcht ist das schmerzhafte Gefühl, das bei dem Gedanken, wir könnten Schaden nehmen oder müßten leiden, entsteht. Diese Furcht dauert so lange an, wie wir dem Willen einer Person unterworfen sind, die uns nicht wohlgesinnt ist. Sobald wir jedoch unter dem Schutz eines Menschen, der uns positiv gesinnt ist, stehen, weicht die Furcht. Ein in einem Warenhaus verlorengegangenes Kind ist voller Furcht, weil es die fremden Menschen um sich als Feinde betrachtet. In den Armen der Mutter ist alle Angst vergessen. Das Wissen um das Wohlwollen der Mutter vertreibt die Furcht.

Die Welt ist voller Feinde, und solange wir der Möglichkeit ausgesetzt sind, durch sie Schaden zu erleiden, ist Furcht unvermeidlich. Der Versuch, sie zu besiegen, ohne die Gründe zu beseitigen, ist ein nutzloses Unterfangen. Das Herz ist weiser als die Apostel der Gelassenheit. Solange wir in den Händen des Zufalls sind; solange wir mit Wahrscheinlichkeitsgesetzen rechnen müssen; solange wir im Bestreben um das Überleben auf unsere Fähigkeiten vertrauen müssen – so lange haben wir allen Grund, uns zu fürchten. Und Furcht bringt Pein.

Zu wissen, daß Gott Liebe ist, sich zu ihm zu flüchten und sich auf den Arm des Geliebten zu stützen – das und nichts anderes kann die Furcht vertreiben. Man überzeuge einen Menschen, daß für ihn gar keine Gefahr besteht und ihm nichts schaden kann, so wird er augenblicklich alle Furcht vergessen. Wohl mag manchmal noch eine natürliche Reaktion auf physischen Schmerz auftreten, aber das quälende Angstgefühl ist für immer verschwunden. Gott ist Liebe, und Gott ist souverän. Seine Liebe läßt ihn unser ewiges Wohlergehen wünschen, und seine Souveränität befähigt ihn, es auch zu sichern.

Nehmen sie den Leib,
Gut, Ehr, Kind und Weib,
Laß fahren dahin!
Sie haben's kein Gewinn;
Das Reich muß uns doch bleiben.

MARTIN LUTHER

Gottes Liebe sagt uns, daß er freundlich ist, und sein Wort versichert uns, daß er unser Freund ist und uns zu seinen Freunden machen möchte. Kein Mensch, der auch nur eine Spur Demut besitzt, würde von sich aus behaupten, ein Freund Gottes zu sein. Der Gedanke daran stammt nicht von Menschen. Abraham hätte nie gesagt: »Ich bin Gottes Freund«, sondern Gott selbst bezeichnet ihn als seinen Freund. Die Jünger hätten wahrscheinlich gezögert, von einer Freundschaft zu Christus zu reden. Aber Jesus sagte zu ihnen: »Ihr seid meine Freunde.« Während Bescheidenheit bei einer solchen Vorstellung Bedenken äußert, wagt es der kühne Glaube, dem Wort zu vertrauen und auf die Freundschaft Gottes einzugehen. Wir ehren Gott viel mehr, wenn wir glauben, was er über sich selbst gesagt hat, und den Mut haben, kühn zum Gnadenthron hinzutreten, als wenn wir uns in selbsterwählter Demut hinter den Bäumen des Gartens verstecken.

Liebe ist auch eine gefühlsmäßige Identifikation. Sie betrachtet nichts als ihr Eigentum, sondern verschenkt alles an den Gegenstand ihrer Zuneigung. Das beobachten wir in unserer Welt voll Männer und Frauen ja immer wieder. Eine junge Mutter, abgemagert und müde, nährt an ihrer Brust ein pummeliges, gesundes Baby. Ohne überhaupt daran zu denken, ihren eigenen Zustand beklagen zu können, blickt die Mutter mit stolzen und glücklichen Augen auf ihr Kind. Selbstlose Opfer sind für die Liebe nichts Ungewöhnliches. Christus sagte von sich: »Niemand hat größere Liebe als die, daß er sein Leben läßt für seine Freunde« (Joh 15,13).

Es ist eine seltsame und schöne Eigenart des freien Gottes, daß er sich emotional mit den Menschen identifizieren läßt. Obwohl er selbstgenügsam ist, will er unsere Liebe und ist nicht eher befriedigt, als bis er sie bekommt. Obwohl er frei ist, hat er sein Herz auf immer mit uns verbunden. »Darin besteht die Liebe: nicht, daß wir Gott geliebt haben, sondern daß er uns geliebt hat und gesandt seinen Sohn zur Versöhnung für unsre Sünden« (1 Jo 4,10). »Unsere Seele wird in einer so besonderen Weise von ihm, dem Allerhöchsten, geliebt«, sagt Julia von Norwich, »daß es die Erkenntnis aller Kreaturen übersteigt. Das heißt: Es gibt kein Geschöpf, das weiß, wie sehr und wie zärtlich uns unser Schöpfer liebt. Und darum mögen wir mit seiner Gnade und Hilfe still verharren in geistlichem Schauen, mit einem immerwährenden Staunen über diese hohe, überragende, unschätzbare Liebe, die der allmächtige Gott in seiner Güte zu uns hat.«[26]

Ein weiteres Merkmal der Liebe ist, daß sie sich am Gegenstand ihrer Zuneigung freut. Gott freut sich an seiner Schöpfung. Der Apostel Johannes sagt, daß Gottes Absicht mit der Schöpfung sein eigenes Wohlgefallen war. Gott ist glücklich in seiner Liebe zu allem, was er gemacht hat. Wir können das Freudengefühl in den Aussagen Gottes über sein Werk nicht übersehen. Psalm 104 ist ein göttlich inspiriertes, von Glück überfülltes Naturgedicht, das immer wieder das Wohlgefallen Gottes zum Ausdruck bringt. »Die Herrlichkeit des Herrn bleibe ewiglich, der Herr freue sich seiner Werke!« (Ps 104,31).

Ganz besonders freut sich der Herr an seinen Heiligen. Viele stellen sich Gott etwa so vor: Er ist weit weg, schaut finster drein und ist mit allem äußerst unzufrieden. In apathischer Stimmung starrt er auf eine Erde nieder, an der er schon lange sein Interesse verloren hat. Aber das ist eine irrige Vorstellung. Gewiß, Gott haßt die Sünde und kann sich niemals mit ihr abfinden. Aber wo Menschen danach trachten, Gottes Willen zu tun, antwortet er mit echter Zuneigung. Christus hat durch sein Sühnopfer die Schranke

Liebe ohne Frust!

zur Gemeinschaft mit Gott beseitigt. Nunmehr sind alle an Christus gläubigen Menschen Gegenstand der Freude Gottes. »Denn der Herr, dein Gott, ist bei dir, ein starker Heiland. Er wird sich über dich freuen und dir freundlich sein, er wird dir vergeben in seiner Liebe und wird über dich mit Jauchzen fröhlich sein« (Zeph 3,17).

Im Buche Hiob lesen wir, daß Gottes Schöpfungswerk unter musikalischer Begleitung geschah. »Wo warst du«, fragt Gott, »als ich die Erde gründete . . ., als mich die Morgensterne miteinander lobten und jauchzten alle Gottessöhne?«

> Aus Harmonie, aus himmlischer Harmonie
> Begann dieses Universumsgefüge.
> Als die Natur als ein Haufen
> Rasselnder Atome dalag
> Und ihr Haupt nicht erheben konnte,
> Wurde die klangvolle Stimme aus der Höhe vernommen:
> »Steht auf, ihr Ungeformten!«
> Da stellten sich Kälte und Wärme, Nässe und Trockenheit
> In ihren ordnungsgemäßen Platz
> Und gehorchten der Kraft der Stimme.
>
> Aus Harmonie, aus himmlischer Harmonie
> Begann dieses Universumsgefüge:
> Von Harmonie zu Harmonie,
> So lief es um den ganzen Weltenkreis,
> Um sich als harmonisches Ganzes im Menschen zu vollenden.
>
> JOHN DRYDEN

Musik ist sowohl ein Ausdruck wie auch eine Quelle der Freude. Und die Freude, die am reinsten ist und Gott am meisten entspricht, ist die Freude der Liebe. Die Hölle ist ein Ort, an dem es keine Freude gibt, weil es dort keine Liebe gibt. Der Himmel ist voller Musik, weil er der Ort ist, an dem die Freuden heiliger Liebe im Überfluß vorhanden sind. Die Erde ist der Ort, an dem die Freuden mit Schmerz vermischt sind, weil es auf ihr Sünde, Haß und Feindschaft gibt. In einer Welt wie der unsrigen muß Liebe manchmal leiden, so wie Christus gelitten hat, als er sich für die Seinen dahingab. Aber wir haben die gewisse Verheißung, daß die Ursachen des Leidens letzten Endes beseitigt werden und daß das neue Menschengeschlecht sich auf ewig einer Welt voller selbstloser, vollkommener Liebe erfreuen wird.

Es liegt in der Natur der Liebe, daß sie nicht untätig bleiben kann. Sie ist aktiv, schöpferisch und wohltätig. »Gott aber erweist seine Liebe zu uns darin, daß Christus für uns gestorben ist, als wir noch Sünder waren« (Röm 5,8). »Also hat Gott die Welt geliebt, daß er seinen eingeborenen Sohn gab« (Joh 3,16). So muß es sein, wo Liebe ist. Liebe muß geben, was immer es auch kostet. Die Apostel tadelten die jungen Gemeinden scharf, weil einige ihrer Glieder das vergessen hatten und nur an sich selbst dachten, während ihre Brüder in Not waren. »Wenn aber jemand dieser Welt Güter hat und sieht seinen Bruder darben und schließt sein Herz vor ihm zu, wie bleibt die Liebe Gottes in ihm?« So schrieb jener Johannes, der durch die Jahrhunderte hindurch als »der Jünger, den Jesus liebte«, bekannt ist (1 Jo 3,17).

Die Liebe Gottes ist eine der großen Realitäten des Universums, ein Pfeiler, auf dem die Hoffnung der Welt ruht. Aber sie ist auch etwas Persönliches, Intimes. Gott liebt nicht Bevölkerungen, er liebt Völker. Er liebt nicht Massen, sondern Menschen. Er liebt uns alle mit einer mächtigen Liebe, die keinen Anfang hat und kein Ende haben kann.

Die christliche Glaubenserfahrung kennt einen höchst befriedigenden Liebesinhalt, der sie von allen anderen Religionen unterscheidet und weit über die reinsten und edelsten Philosophien erhebt. Dieser Inhalt ihrer Liebe ist mehr als irgend etwas. Es ist der inmitten seiner Gemeinde weilende und über sein Volk singende Gott. Echte Glaubensfreude ist das harmonische Echo des Herzens auf den Liebesgesang des Herrn.

Ich bete an die Macht der Liebe,
Die sich in Jesu offenbart;
Ich geb mich hin dem freien Triebe,
Wodurch ich Wurm geliebet ward;
Ich will, anstatt an mich zu denken,
Ins Meer der Liebe mich versenken.

GERHARD TERSTEEGEN

Kapitel 21

Die Heiligkeit Gottes

Ehre sei Gott in der Höhe! Wir preisen Dich, wir loben Dich, wir beten Dich an um Deiner großen Herrlichkeit willen. Herr, ich redete Dinge, die ich nicht verstand, Dinge, zu wunderbar für mich, als daß ich sie begriff. Ich hatte von Dir vom Hörensagen vernommen, nun aber sieht mein Auge Dich, und ich tue Buße in Staub und Asche. O Herr, ich will meine Hand auf meinen Mund legen. Einmal habe ich geredet, ein zweites Mal und will's nicht wieder tun. Aber während ich nachdachte, brannte das Feuer. Ich muß von Dir reden, damit ich mit meinem Schweigen nicht gegen diese Generation Deiner Kinder sündige.

Siehe, was töricht ist vor der Welt, hast Du erwählt, damit Du die Weisen zuschanden machst, und was schwach ist vor der Welt, um das, was stark ist, zuschanden zu machen. O Herr, vergiß mich nicht. Laß mich Deine Stärke und Deine Macht dieser Generation und jeder zukünftigen bezeugen. Erwecke Propheten und Seher in Deiner Gemeinde, die Deine Herrlichkeit rühmen, und stelle durch Deinen allmächtigen Geist die Erkenntnis des Heiligen unter Deinem Volke wieder her. Amen.

Der Schock, den wir durch unsern furchtbaren Bruch mit dem göttlichen Willen erlitten haben, hat in uns allen ein bleibendes Trauma zurückgelassen, das jedes Teil unseres Seins berührt. Sowohl in uns wie in unserer Umwelt sitzt eine Krankheit.

Das Bewußtsein seiner eigenen Verderbtheit kam wie cin Blitz vom Himmel über den zitternden Jesaja in dem Moment, als er die überwältigende Schau der Herrlichkeit Gottes empfing. Sein schmerzerfüllter Schrei: »Weh mir, ich vergehe! Denn ich bin unreiner Lippen und wohne unter einem Volk von unreinen Lippen; denn ich habe den König, den Herrn Zebaoth, gesehen mit meinen Augen« (Jes 6,5), drückt die Gefühle eines jeden aus, der sich selbst unter seiner Verkleidung erkannt hat und durch ein inneres Schauen mit der heiligen Reinheit Gottes konfrontiert worden ist. Es kann gar nicht anders sein, als daß eine solche Erfahrung von einer heftigen Gefühlsregung begleitet wird.

Bevor wir uns selbst nicht gesehen haben, wie Gott uns sieht, lassen wir uns nicht so leicht durch äußere Umstände aus der Ruhe bringen; erst, wenn sie unseren bequemen Lebensstil bedrohen, werden wir aktiv. Wir haben gelernt, mit Unheiligkeit zu leben, und sind so weit gekommen, sie als etwas ganz Natürliches und Alltägliches zu betrachten. Wir sind nicht darüber enttäuscht, daß wir nicht die ganze Wahrheit bei den Lehrern, Gewissenhaftigkeit bei den Politikern, Ehrlichkeit bei den Kaufleuten oder volle Vertrauenswürdigkeit bei unsern Freunden finden. Um die Fortdauer unserer Existenz zu sichern, erfinden wir Gesetze, um uns vor unsern Mitmenschen zu schützen, und lassen es dabei bewenden.

Weder der Verfasser noch der Leser dieses Buches ist von sich aus fähig, die Heiligkeit Gottes zu würdigen. So etwas wie ein neuer Kanal muß durch die Wüste unseres Sinnes gegraben werden, damit das köstliche Wasser der Wahrheit, das unsere schwere Krankheit heilen will, hineinfließen kann. Wir erfassen den wahren Sinn göttlicher Heiligkeit nicht, indem wir einfach an etwas oder jemand sehr Reinen denken und dann diese Vorstellung im höchsten Maße veredeln. Gottes Heiligkeit ist keine unendliche Verbesserung des Besten, das wir kennen. Uns ist etwas der göttlichen Heiligkeit Ähnliches gar nicht bekannt. Sie ist etwas ganz Besonderes: einzigartig, unnahbar, unbegreiflich und unerreichbar. Der natürliche Mensch ist blind dafür. Er fürchtet vielleicht Gottes Macht und bestaunt seine Weisheit, doch seine Heiligkeit kann er sich nicht einmal vorstellen.

Nur der Geist des Heiligen kann dem menschlichen Geist die Erkenntnis des Heiligen vermitteln. Aber wie der elektrische Strom nur durch eine Leitung fließt, so fließt der Geist Gottes durch die Wahrheit. Er muß ein gewisses Maß an Wahrheit im Geist eines Menschen vorfinden, ehe er das Herz erleuchten kann. Glaube wird nur durch die Stimme der Wahrheit geweckt. »So kommt der Glaube aus der Predigt, das Predigen aber durch das Wort Christi« (Röm 10,17). Theologisches Wissen ist gleichsam das Medium, durch welches der Geist ins menschliche Herz strömt; aber es setzt demütige Reue voraus, bevor die Wahrheit Glauben wecken kann. Der Geist Gottes ist der Geist der Wahrheit. Es ist möglich, etwas von der Wahrheit im Kopf zu haben, ohne den Geist im Herzen zu haben. Aber es ist unmöglich, den Geist ohne die Wahrheit zu haben.

In seiner eingehenden Studie »Das Heilige« bringt Rudolf Otto beachtenswerte Beweise für das Vorhandensein einer Ahnung im menschlichen Geiste, daß es in der Welt ein unbestimmtes, unfaßbares Etwas gibt, das *Mysterium Tremendum*, das furchteinflößende Geheimnisvolle, welches das Universum umfaßt und durchdringt. Dieses ist ein Schrecken hervorbringendes Etwas, das nie verstandesmäßig wahrgenommen, sondern nur in den Tiefen des Menschengeistes erahnt und erfühlt werden kann. Es besteht weiter als ein bleibender religiöser Instinkt, ein Gefühl für jene namenlose, unauffindbare Gegenwart, die »quecksilbergleich in den Adern der Schöpfung pulst« und manchmal den Verstand wie betäubt, indem es diesem mit einer übernatürlichen, überverstandesmäßigen Kundgebung seiner selbst gegenübertritt. Der von ihm überwältigte Mensch wird ganz klein und kann nur zittern und schweigen.

Dieser nicht aus der Vernunft stammende Schrecken, diese Ahnung eines nichtkreatürlichen Weltgeheimnisses, bildet den Urgrund aller Religionen. Die reine Religion, wie wir sie in der Bibel finden, existiert ebenso wie der niedrigste Animismus des nackten Eingeborenen nur deshalb, weil der menschlichen Natur dieser grundlegende Instinkt innewohnt. Der Unterschied zwischen der Religion eines Jesaja oder Paulus und der des Animisten besteht natürlich darin, daß der eine die Wahrheit hat und der andere nicht; letzterer besitzt lediglich den ahnungsvollen Instinkt. Er fühlt einen unbekannten Gott. Ein Jesaja aber und ein Paulus haben den wahren Gott durch seine Selbstäußerung in der Heiligen Schrift gefunden.

Das Erahnen des großen Mysteriums ist für die menschliche Natur grundlegend und für den Glauben unentbehrlich, aber sie genügt nicht. Wohl läßt sie die Menschen flüstern: »Dieses fürchterliche Etwas!« Aber sie rufen nicht aus: »Du mein Heiliger!« In der jüdischen wie auch in der christlichen Bibel setzt Gott seine Selbstoffenbarung fort und macht sich persönlich bekannt. Seine Gegenwart wird nicht als ein Etwas, als ein Ding dargestellt, sondern als ein persönliches Wesen mit allen Eigenschaften einer echten Persönlichkeit. Ja, noch mehr: Dieses Wesen ist voll Gerechtigkeit, Reinheit, Geradheit und unbegreiflicher Heiligkeit. Und in alledem ist er unerschaffen, genügt sich selbst und ist weder mit dem menschlichen Denkvermögen zu erfassen noch mit dem menschlichen Sprachvermögen auszudrücken.

Durch die Selbstoffenbarung Gottes in der Heiligen Schrift und durch die Erleuchtung des Heiligen Geistes gewinnt der Gläubige alles und verliert nichts. Seiner Gottesvorstellung wird das Doppelkonzept von Persönlichkeit und sittlichem Charakter hinzugefügt. Das ursprüngliche Empfinden von Staunen und Ehrfurcht in der Gegenwart des welterfüllten Mysteriums aber bleibt. Heute hüpft vielleicht sein Herz, und er ruft vor lauter Freude: »Abba, lieber Vater, mein Herr und mein Gott!« Morgen kniet er vielleicht mit verzücktem Zittern nieder, um den Hohen und Erhabenen, dessen Wohnung die Ewigkeit ist, zu bestaunen und anzubeten.

Heiligkeit ist Gottes Art. Um heilig zu sein, richtet er sich nicht nach einem Maßstab. Er selbst ist sich der Maßstab. Seine absolute Heiligkeit ist von einer unendlichen, unfaßbaren Reinheitsfülle, die unfähig ist, etwas anderes zu sein, als sie ist. Weil er heilig ist, sind auch alle seine Eigenschaften heilig. Das heißt, alles, was wir Gott zuschreiben, müssen wir uns heilig vorstellen.

Gott ist heilig, und er hat Heiligkeit zur moralischen Bedingung für das Wohl seines Universums gemacht. Die einstweilige Gegenwart der Sünde in der Welt betont dies nur. Was heilig ist, ist auch gesund. Das Böse ist eine Krankheit, die schließlich zum Tode führen muß. Auch im Sprachlichen kommt das zum Ausdruck, hat doch das Wort *heilig* die gleiche sprachliche Wurzel wie das Wort *heil*, das soviel wie *gesund, ganz,* bedeutet.

Da es Gott im Blick auf seine Welt in erster Linie um deren Übereinstimmung mit seiner Lebensordnung, das heißt um Heiligkeit, geht, zieht alles, was im Gegensatz dazu steht, sein ewiges Mißfallen auf sich. Um seine Schöpfung zu erhalten, muß Gott alles zunichte machen, was diese zerstören würde. Wenn er sich erhebt, um der Sünde entgegenzutreten und die Welt vor einem nicht wiedergutzumachenden Zusammenbruch zu retten, dann wird er in der Bibel als zornig beschrieben. Jedes Zorngericht in der Weltgeschichte stellt einen heiligen Akt der Erhaltung dar. Die Heiligkeit Gottes, der Zorn Gottes und das Wohl der Schöpfung sind unzertrennbar vereint. Gottes Zorn ist seine völlige Unduldsamkeit allem gegenüber, was verdirbt und zerstört. Er haßt die Sünde, wie eine Mutter die Krankheit haßt, die das Leben ihres Kindes bedroht.

Gottes Heiligkeit ist absolut und kennt keine Abstufungen. Das ist etwas, das er nicht auf seine Geschöpfe übertragen kann. Aber es gibt eine relative und bedingte Heiligkeit, die er sowohl seinen Engeln und Seraphim im Himmel wie auch erlösten Menschen auf Erden schenkt, und zwar durch Zurechnung und Mitteilung. Weil er sie ihnen zugänglich gemacht hat durch das Blut des Lammes, fordert er sie auch von ihnen. Zuerst zu Israel und später zu seiner Gemeinde sagte Gott: »Ihr sollt heilig sein, denn ich bin heilig« (3 Mo 19,2; 1 Petr 1,16). Er sagte nicht: »Seid heilig, wie ich heilig bin«, denn das hieße, von uns absolute Heiligkeit zu verlangen, die ja nur Gott allein besitzt. Vor dem unerschaffenen Feuer der göttlichen Heiligkeit verhüllen die Engel ihr Antlitz. Nicht einmal die Himmel und die Sterne sind rein vor seinem Angesicht. Kein ehrlicher Mensch kann behaupten: »Ich bin heilig.« Aber ebensowenig ist ein ehrlicher Mensch bereit, die ernsten Worte des inspirierten Schreibers zu ignorieren: »Jagt dem Frieden nach mit jedermann und der Heiligung, ohne die niemand den Herrn sehen wird« (Hebr 12,14).

Was sollen wir Gläubigen in diesem Dilemma, in dem wir uns befinden, tun? Wir müssen uns, ähnlich wie Mose, mit Glaube und Demut bedecken, während wir einen raschen Blick auf den Gott werfen, den kein Mensch sehen und dabei am Leben bleiben kann. Das zerbrochene und zerschlagene Herz wird er nicht verachten. Wir müssen unsere Unheiligkeit in den Wunden Christi verbergen, so wie Mose sich in der Felsenkluft verbarg, während die Herrlichkeit Gottes an ihm vorüberzog. Wir müssen von Gott zu Gott flüchten. Vor allem jedoch müssen wir glauben, daß Gott in uns seinem Sohn als vollkommen ansieht. Daneben züchtigt und reinigt er uns, damit wir Teilhaber seiner Heiligkeit sind.

Durch Glauben und Gehorsam, durch anhaltendes Nachdenken über die Heiligkeit Gottes, durch Gerechtigkeitsliebe und Sündenabscheu, durch wachsende Vertrautheit mit dem Geiste der Heiligkeit können wir in der Gemeinschaft der Heiligen auf Erden leben und uns für das ewige Leben vorbereiten. Auf diese Weise haben die Gläubigen, wenn sie sich versammeln, sozusagen einen Himmel, in dem sie sich auf den Himmel vorbereiten.

Wie erhaben ist Deine Allgegenwart,
Du ewiger Herr!
Von gebeugten Seelen wird sie Tag und Nacht
Ohne Unterlaß gepriesen.

Wie schön, wie schön
Muß es sein, Dich zu sehen,
Deine endlose Weisheit, grenzenlose Macht
Und ehrfurchterregende Reinheit!

Ach, wie ich Dich fürchte, lebendiger Gott!
Mit tiefsten Ängsten, mit zitternder Hoffnung
Und mit bußfertigen Tränen bete ich Dich an.

Frederick W. Faber

KAPITEL 22

Die Souveränität Gottes

> Wer sollte Dich, o Gott, Herr der Heerscharen, nicht fürchten? Denn Du allein bist Gott. Du hast den Himmel und des Himmels Himmel gemacht, die Erde und alles, was darauf ist, und in Deiner Hand ist alles, was lebt. Du hast Deinen Thron über der Flut und bleibst König in Ewigkeit. Du bist ein großer König über alle Welt. Du bist mit Macht bekleidet, Hoheit und Pracht sind vor Dir. Amen.

Gottes Souveränität ist jene Eigenschaft, durch die er seine ganze Schöpfung regiert. Um der souveräne Gott zu sein, muß er allwissend, allmächtig und absolut frei sein. Die Gründe dafür sind die folgenden:

Wäre auch nur ein noch so kleines Wissensdatum Gott unbekannt, würde seine souveräne Herrschaft an diesem Punkt zusammenbrechen. Um Herr über die ganze Schöpfung sein zu können, muß er alles Wissen besitzen. Fehlte Gott nur ein kleines Körnchen Macht, so würde dieser Mangel seine absolute Herrschaft beenden und sein Königreich zugrunde richten. Würde dieses eine Fünkchen Macht jemand anders gehören, so übte Gott nur eine begrenzte Herrschaft aus und wäre darum nicht souverän.

Des weiteren erfordert seine Souveränität, daß er absolut frei ist. Das bedeutet einfach, er muß frei sein, alles zu tun, was, wo und wie er will, um seinen ewigen Plan bis ins letzte Detail und ohne Einmischung auszuführen. Würde er weniger als absolut frei sein, wäre er weniger als souverän.

Die Vorstellung uneingeschränkter Freiheit benötigt eine kräftige Anstrengung des Verstandes. Wir sind psychisch nicht so beschaffen, daß wir Freiheit verstehen könnten, es sei denn in unvollkommener Art. Unsere Vorstellung von Freiheit wurde in einer Welt geformt, in der keine absolute Freiheit existiert. Hier hängt jedes natürliche Ding von vielen anderen Dingen ab, und diese Abhängigkeit schränkt ihre Freiheit ein.

Am Anfang seines *Prelude* freut sich Wordsworth, daß er der Stadt, in der er lange eingesperrt war, entronnen und »nun frei, frei wie ein Vogel« ist, um sich »niederzulassen, wo ich will«. Aber frei wie ein Vogel zu sein heißt noch nicht, völlig frei zu sein. Der Naturkundige weiß, daß der vermeintlich freie Vogel sein ganzes Leben lang in einem aus Furcht, Hunger und Instinkten bestehenden Käfig lebt. Er ist eingeschränkt durch Wetterverhältnisse, unterschiedlichen Luftdruck, örtliche Futtermöglichkeiten, Raubtiere und – die seltsamste aller Fesseln – den unwiderstehlichen Drang, innerhalb seines gewohnten kleinen Lebensraumes zu bleiben. Auch der freieste Vogel steht, wic alles andere Erschaffene, unter ständiger Kontrolle durch ein ganzes Netz von Notwendigkeiten. Nur Gott ist wirklich frei.

Gott ist absolut frei, weil nichts und niemand ihn hindern, zwingen oder aufhalten kann. Er kann immer, überall und auf ewig tun, was ihm gefällt. Ein solches Freisein ist bedingt durch den Besitz universaler Autorität. Daß Gott unbegrenzte Macht hat, wissen wir von der Bibel und wir können es auch aus bestimmten anderen Eigenschaften ableiten. Aber wie steht es mit seiner Autorität?

Über die Autorität des allmächtigen Gottes zu diskutieren erscheint ein wenig sinnlos, und sie in Frage zu stellen wäre absurd. Können wir uns den Herrn der Heerscharen vorstellen, wie er jemanden um Erlaubnis bittet oder eine höhere Instanz um etwas ersucht? Von wem sollte er Erlaubnis erbitten? Wer ist höher als der Allerhöchste? Wer ist mächtiger als der Allmächtige? Wessen Stellung ist der des Ewigen vorrangig? An wessen Thron würde Gott knien? Wer ist der Größere, an den er sich wenden müßte? »So spricht der Herr, der König Israels, und sein Erlöser, der Herr Zebaoth: Ich bin der Erste, und ich bin der Letzte, und außer mir ist kein Gott« (Jes 44,6).

Die Souveränität Gottes ist eine biblisch gesicherte Tatsache und ergibt sich auch ohne weiteres aus der Logik der Wahrheit. Doch es tauchen zugegebenermaßen gewisse Probleme auf, die bis zum heutigen Tage noch nicht zufriedenstellend gelöst worden sind, vor allem die beiden folgenden.

Das erste ist die Frage nach der Existenz gewisser Bestandteile der Schöpfung, die Gott nicht billigen kann, wie zum Beispiel

Böses, Leid und Tod. Wenn Gott souverän ist, so hätte er doch ihre Entstehung verhindern können! Warum tat er es nicht?

Das *Zendavesta*, das heilige Buch des Parsismus, einer außerbiblischen Religion, hat dieses Problem ziemlich geschickt umgangen, indem es einen theologischen Dualismus fordert. Es gab zwei Götter, Ormuzd und Ahriman, und diese beiden erschufen die Welt. Der gute Gott Ormuzd machte alle guten Dinge, und der böse Gott Ahriman machte das übrige. Es war ganz einfach. Ormuzd mußte sich nicht um Souveränitätsfragen kümmern und hatte offensichtlich nichts dagegen, seine Vorrechte mit einem anderen zu teilen.

Dem Christen genügt diese Erklärung nicht, denn sie widerspricht eindeutig der von der ganzen Bibel nachdrücklich gelehrten Wahrheit, daß es nur einen Gott gibt und daß dieser allein Himmel, Erde und alles, was darin ist, geschaffen hat. Gottes Eigenschaften sind so absolut, daß sie die Existenz eines anderen Gottes unmöglich machen. Der Christ gibt zu, die endgültige Antwort auf das Rätsel der Existenz des Bösen nicht zu haben, aber er weiß, wie die Antwort nicht lautet. Und er weiß auch, daß das *Zendavesta* sie ebenfalls nicht besitzt.

Auch wenn wir keine vollständige Erklärung für den Ursprung der Sünde kennen, so gibt es doch einige Dinge, die uns bekannt sind. Gott in seiner souveränen Weisheit erlaubt dem Bösen, in abgegrenzten Zonen seiner Schöpfung zu existieren, sozusagen als flüchtiger Geächteter, dessen Treiben zeitlich und umfangmäßig beschränkt ist. Damit handelte Gott gemäß seiner unendlichen Weisheit und Güte. Mehr als das weiß gegenwärtig niemand, und mehr als das braucht auch niemand zu wissen. Der Name Gottes ist ausreichende Garantie für die Vollkommenheit seiner Werke.

Ein anderes echtes Problem, das sich aus der Lehre der göttlichen Souveränität ergibt, bezieht sich auf den Willen des Menschen. Wenn Gott seine Welt mit souveränen Verfügungen regiert, wie kann dann der Mensch einen freien Willen haben? Und wenn der Mensch keine Entscheidungsfreiheit besitzt, wie kann er dann für sein Verhalten verantwortlich gemacht werden? Ist er in solchem Fall nicht nur eine Marionette, deren Handlungen von einem Gott bestimmt werden, der sich hinter den Kulissen befindet und die Fäden zieht, wie es ihm gefällt?

Der Versuch, diese Fragen zu beantworten, hat die christliche Gemeinde in zwei Lager getrennt, die nach zwei hervorragenden Theologen benannt sind: Jakobus Arminius und Johannes Calvin. Die meisten Christen geben sich damit zufrieden, zum einen oder andern Lager zu gehören und sprechen entweder Gott seine Souveränität oder dem Menschen seinen freien Willen ab. Es scheint jedoch möglich, diese zwei Standpunkte miteinander zu versöhnen, ohne dem einen oder dem andern Gewalt anzutun, obwohl der im folgenden angeführte Versuch nach Auffassung der Anhänger des einen oder des anderen Lagers sich als unzulänglich erweisen mag.

Ich sehe es so: Gott hat souverän erklärt, daß der Mensch moralische Entscheidungsfreiheit haben soll. Der Mensch hat sich von Anfang daran gehalten, indem er seine Wahl zwischen Gut und Böse traf. Wenn er sich entscheidet, das Böse zu tun, wirkt er damit nicht dem souveränen Willen Gottes entgegen, sondern hält sich an die Möglichkeit, die ihm der Wille Gottes offenläßt. Denn die göttliche Anordnung hat nicht bestimmt, welche Wahl der Mensch zu treffen hat, sondern daß er frei sein soll, seine Wahl zu treffen. Wenn Gott es in seiner absoluten Freiheit für richtig hielt, dem Menschen eine beschränkte Freiheit zu gewähren, wer sollte ihn dann daran hindern oder sagen: »Was tust du?« Des Menschen Wille ist frei, weil Gott souverän ist. Ein Gott, der weniger souverän ist, könnte seine Geschöpfe nicht mit moralischer Freiheit ausstatten. Er würde sich davor fürchten.

Ein einfaches Beispiel mag uns helfen, das besser zu verstehen. Ein Ozeandampfer verläßt New York und nimmt Kurs auf Hamburg. Sein Bestimmungshafen ist von den zuständigen Behörden festgelegt worden, niemand kann ihn ändern. Dies soll ein Beispiel für Souveränität sein.

An Bord des Schiffes befindet sich eine ganze Anzahl von Passagieren. Sie sind weder in Ketten gelegt, noch ist ihnen ihr Tun vorgeschrieben. Sie sind völlig frei und können sich bewegen, wie es ihnen beliebt. Sie essen, schlafen, spielen, spazieren auf dem Deck, lesen, unterhalten sich – so wie sie es gerne möchten. Doch während all diesem Tun trägt sie der Ozeandampfer unaufhaltsam dem vorherbestimmten Hafen entgegen.

Hier ist beides vorhanden, Freiheit und Souveränität, und sie widersprechen sich nicht. So verhält es sich meiner Ansicht nach mit der menschlichen Entscheidungsfreiheit und der Souveränität Gottes. Der mächtige, nach Gottes Plan gebaute Ozeanriese verfolgt unaufhörlich seinen Kurs auf dem Meer der Geschichte. Gott wirkt ungestört und unbehindert auf die Erfüllung jener ewigen Pläne hin, die er in Christus Jesus faßte, ehe die Welt zu existieren begann. Wir wissen nicht alles, was in diesen Plänen enthalten ist. Immerhin ist uns so viel enthüllt worden, daß wir eine grobe Übersicht über die kommenden Dinge besitzen und berechtigte Hoffnung und feste Zuversicht auf unser zukünftiges Wohl haben.

Wir wissen, daß Gott jede den Propheten gegebene Verheißung erfüllen wird. Wir wissen, daß die Erde eines Tages von Sündern befreit wird. Wir wissen, daß eine erlöste Schar zur Freude Gottes eingehen wird und daß die Gerechten leuchten werden im Reiche ihres Vaters. Wir wissen, daß Gottes vollkommenes Tun noch den Beifall aller finden wird; daß alle erschaffenen intelligenten Wesen Jesus Christus angehören werden zur Ehre Gottes des Vaters; daß die gegenwärtige unvollkommene Ordnung abgelöst wird und ein neuer Himmel und eine neue Erde, die nicht vergehen, gegründet werden.

Auf all das wirkt Gott hin mit unendlicher Weisheit und vollkommener Genauigkeit in seinen Handlungen. Niemand kann ihn von seinen Absichten abbringen. Da er allwissend ist, kann es für ihn keine unvorhergesehenen Umstände und keinen Zufall geben. Weil er souverän ist, kann es kein Widerrufen seiner Befehle geben. Und weil er allmächtig ist, kann es ihm nicht an Macht fehlen, um seine Ziele zu erreichen. Gott genügt sich selbst in allen diesen Dingen.

Trotzdem verläuft nicht alles so glatt, wie es diese knappe Darstellung vermuten ließe. Das Böse ist bereits am Werk. Auf dem weiten Felde des souveränen, jedoch zulassenden Willens Gottes tobt weiterhin der tödliche Konflikt zwischen Gut und Böse, und zwar mit zunehmender Heftigkeit. Gott wird seine Absichten inmitten von Sturm und Wirbelwind durchsetzen; aber Sturm und Wirbelwind sind auch für uns eine Wirklichkeit, und als verantwortliche Wesen müssen wir unsere Wahl in der gegenwärtigen Situation treffen.

Bestimmte Dinge sind nach dem freien Vorsatz Gottes verfügt worden, und eines davon ist das Gesetz von Entscheidung und Konsequenzen. Gott hat bestimmt, daß alle, die sich im Glaubensgehorsam seinem Sohn Jesus Christus übereignen, ewiges Leben empfangen und Söhne Gottes werden. Er hat ebenso bestimmt, daß alle, die die Finsternis lieben und in ihrer Auflehnung gegen seine Autorität verharren, weiterhin in einem Zustand geistlicher Entfremdung bleiben und einst den ewigen Tod erleiden.

Wenn wir die ganze Sache auf die individuelle Ebene bringen, gelangen wir zu einigen wesentlichen und sehr persönlichen Schlußfolgerungen. Wer in dem jetzt tobenden geistlichen Kampf um uns her auf Gottes Seite steht, ist auf der Seite des Siegers und kann nicht verlieren. Wer auf der andern Seite steht, ist auf der Verliererseite und kann nicht gewinnen. Hier gibt es keinen Zufall, kein Glücksspiel. Wir haben die Freiheit, uns für die eine oder für die andere Seite zu entscheiden. Aber wir haben nicht die Freiheit, über die Konsequenzen der von uns getroffenen Wahl zu verhandeln. Durch Gottes Gnade können wir wohl über eine falsche Wahl Buße tun und die Folgen durch eine neue und richtige Wahl ändern, aber darüber hinaus können wir nicht gehen.

Die ganze Angelegenheit der persönlichen Entscheidung besitzt ihren Angelpunkt in Jesus Christus. Er hat deutlich festgestellt: »Wer nicht mit mir ist, der ist wider mich« (Mt 12,30) und: »Niemand kommt zum Vater denn durch mich« (Joh 14,6). Das Evangelium vereinigt drei Elemente: die Verkündigung, einen Befehl und einen Ruf. Es verkündigt die gute Nachricht von der aus Gnaden vollbrachten Erlösung; es gebietet allen Menschen überall, Buße zu tun; und es ruft alle Menschen auf, sich den Bedingungen der Gnade zu stellen, indem sie an Jesus Christus als an ihren Herrn und Heiland glauben.

Wir alle müssen uns entscheiden, ob wir dem Evangelium gehorsam werden oder uns im Unglauben von Gott abwenden und seine Autorität ablehnen. Die Entscheidung liegt bei uns, aber die Konsequenzen der Entscheidung stehen aufgrund des souveränen Willens Gottes bereits fest und sind unabänderlich.

Der Herr kam von oben herab
Und beugte den hohen Himmel nieder.
Unter Seine Füße warf Er
Die Finsternis des Himmelsgewölbes.

Auf Cherubim und Seraphim
Ritt er voll königlicher Würde.
Auf den Flügeln mächtiger Winde
Kam Er von weit her.

Er saß gelassen auf den Fluten,
Um ihr Toben zu zähmen;
Und Er, der allerhöchste Herr und König,
Wird auf ewig herrschen.

Thomas Sternhold

KAPITEL 23

Das offene Geheimnis

Vom Standpunkt der Ewigkeit aus betrachtet besteht wohl die dringendste Notwendigkeit darin, die Gemeinde aus ihrer »babylonischen Gefangenschaft« zurückzubringen, damit der Name Gottes in ihrer Mitte verherrlicht werde wie in früheren Zeiten. Wir dürfen uns jedoch die Gemeinde nicht als eine anonyme Körperschaft und als eine mystische religiöse Abstraktion vorstellen. Wir gläubigen Christen sind die Gemeinde, und alles, was wir tun, das tut die Gemeinde. Deshalb geht die Sache uns alle ganz persönlich an. Jeder Schritt nach vorn muß beim einzelnen beginnen.

Was können wir einfachen Gläubigen tun, um die von uns gewichene Herrlichkeit zurückzubringen? Gibt es ein Geheimnis, das wir erlernen können? Gibt es ein auf die gegenwärtige Situation und auf uns selbst anwendbares Rezept für eine persönliche Erweckung? Die Antwort auf diese Fragen ist ein Ja.

Dennoch wird die Antwort manche vielleicht enttäuschen, denn sie ist alles andere als »tief«. Ich habe keinen esoterischen Geheimtext, keinen mystischen Code anzubieten, der erst mühsam entschlüsselt werden muß. Ich appelliere weder an ein verborgenes Gesetz des Unterbewußtseins noch an ein verborgenes, nur für ein paar Auserwählte bestimmtes Wissen. Es ist ein offenes Geheimnis, das jeder zu lesen vermag. Es ist einfach der alte und ewig neue Rat: »So vertrage dich nun mit Gott.« Um ihre verlorengegangene Kraft wiederzuerlangen, muß die Gemeinde den Himmel wieder offen sehen und ein verwandelndes Schauen Gottes erleben.

Aber der Gott, den wir schauen müssen, ist nicht der Nützlichkeitsgott, der sich heute so großer Beliebtheit erfreut und die Aufmerksamkeit der Menschen auf sich zieht, weil er die Fähigkeit besitzt, ihnen für die verschiedensten Unternehmungen Erfolg zu schenken und darum von allen, die etwas von ihm wollen, umschmeichelt wird. Der Gott, mit dem wir uns vertragen sollen, ist die himmlische Majestät, Gott, der allmächtige Vater, Schöpfer des Himmels und der Erde, der allein weise Gott und unser Heiland. Er ist es, der über dem Erdkreis thront; der die Himmel wie ein Tuch ausgebreitet hat und darin wie unter einem Zelt wohnt; der die Sterne vollzählig herausführt und sie alle durch die Größe seiner Macht mit Namen ruft; der die Eitelkeit der Menschenwerke sieht und weder sein Vertrauen auf Fürsten setzt, noch Könige um Rat fragt.

Die Erkenntnis eines solchen Wesens kann man nicht durch Studium allein erlangen. Man erfährt sie durch eine Weisheit, von der ein natürlicher Mensch nichts weiß, noch wissen kann, denn sie muß geistlich wahrgenommen werden. Gott zu erkennen ist die leichteste und zugleich schwerste Sache der Welt. Es ist leicht, weil die Erkenntnis nicht durch schwere Arbeit des Geistes gewonnen wird, sondern eine freie Gabe Gottes ist. Wie das Sonnenlicht auf das freie Feld fällt, so ist die Erkenntnis des heiligen Gottes eine freie Gabe an alle Menschen, die dafür offen sind. Aber dies zu erkennen ist auch schwer, weil bestimmte Bedingungen erfüllt werden müssen, die die widerspenstige Natur des gefallenen Menschen nicht so leicht akzeptiert.

Eine kurze Zusammenfassung dieser Bedingungen, wie sie die Bibel lehrt und wie sie durch die Jahrhunderte durch gottgeweihte Heilige bekräftigt wurde, sieht so aus:

Erstens: Wir müssen von der Sünde lassen. Die Überzeugung, daß der heilige Gott von Menschen, die bewußt ein schlechtes Leben führen, nicht erkannt werden kann, ist der christlichen Religion nicht neu. Das jüdische Buch *Die Weisheit Salomos* – viele Jahre älter als das Christentum – enthält folgende Stelle: »Liebt Gerechtigkeit, ihr Richter der Erde. Denkt an den Herrn mit einem guten Herzen und sucht ihn in Einfalt des Herzens. Denn er läßt sich von denen finden, die ihn nicht versuchen, und zeigt sich solchen, die ihm vertrauen. Trotzige Gedanken trennen von Gott, und seine Macht, wenn sie herausgefordert wird, schilt den Unweisen. Weisheit zieht in eine böswillige Seele nicht ein und wohnt auch nicht in einem Leibe, der der Sünde untertan ist. Denn der heilige Geist der Zucht flieht Unrecht und zieht sich von unvernünftigen Absichten zurück und wird nicht bleiben, wenn Ungerechtigkeit einzieht.« Derselbe Gedanke findet sich auch in verschiedenen Stellen der Bibel. Die bekannteste von ihnen ist wohl das Wort Jesu: »Selig sind, die reinen Herzens sind; denn sie werden Gott schauen« (Mt 5,8).

Zweitens: Es bedarf einer vollständigen, glaubensvollen Auslieferung des ganzen Lebens an Christus. Das heißt: »an Christus zu glauben«. Es schließt eine willens- und gefühlsmäßige Bindung an ihn ein, und dazu gehört der feste Entschluß, ihm in allen Dingen gehorsam zu sein. Wir müssen seine Gebote halten, unser Kreuz tragen und Gott sowie unsere Mitmenschen lieben.

Drittens: Wir müssen uns für solche halten, die der Sünde gegenüber gestorben sind und nun in Christus Jesus für Gott leben. Dazu kommt die Öffnung unserer ganzen Persönlichkeit, damit der Heilige Geist Einzug halten kann. Dann müssen wir in Selbstzucht unseren Wandel im Geist führen und die Herrschaft über die Lüste des Fleisches erringen.

Viertens: Wir müssen unerschrocken die billigen Werte der gefallenen Welt ablehnen, uns innerlich vollständig von allem lösen, wonach die Ungläubigen trachten, und uns nur an jenen Freuden der Natur ergötzen, die Gott für die Gerechten und Ungerechten bereitet hat.

Fünftens: Wir müssen die Kunst des ausdauernden und von Liebe getragenen Meditierens über die Majestät Gottes praktizieren. Das wird einige Anstrengung kosten; denn der Majestätsbegriff ist der Menschheit praktisch abhanden gekommen. Im Brennpunkt menschlichen Interesses steht jetzt der Mensch selbst. Der Humanismus in seinen verschiedenen Formen hat den Platz der Theologie als Schlüssel zum Lebensverständnis eingenommen. Als Swinburne, ein Dichter aus dem 19. Jahrhundert, schrieb: »Ehre sei dem Menschen in der Höhe! Denn der Mensch ist der Herr aller Dinge«, beschenkte er die moderne Welt mit ihrem neuen *Te Deum*. Das alles muß durch einen bewußten Akt des Willens eine Umkehrung erfahren und dann mit Hilfe geduldiger Geistesarbeit so bleiben.

Gott ist eine Person, die wir persönlich immer besser kennenlernen können, indem wir unsere Herzen für diese wunderbare Erfahrung öffnen. Es kann sein, daß wir unsere bisherigen Gottesvorstellungen dann, wenn das Licht, das die Heilige Schrift durchstrahlt, auch über unserem inwendigen Leben aufgeht, ändern müssen. Es kann sein, daß wir auch in aller Stille und

Gnade mit dem leblosen Buchstabenglauben brechen müssen, der oft unter Christen vorherrscht; daß wir uns gegen den oberflächlichen Charakter vieler Dinge auflehnen müssen, die bei uns als Christentum gelten. Dadurch verlieren wir vielleicht Freunde und handeln uns vorübergehend den Ruf ein, heiliger als die andern sein zu wollen. Aber wer sich in solchen Dingen von der Angst vor unangenehmen Konsequenzen beeinflussen läßt, der ist nicht tauglich für das Reich Gottes.

Sechstens: Indem die Erkenntnis Gottes immer wunderbarer wird, wird für uns auch ein vermehrter Dienst an unseren Mitmenschen unumgänglich. Diese wunderbare Erkenntnis ist uns nicht gegeben, damit wir uns selbstsüchtig daran erfreuen. Je besser wir Gott kennen, desto mehr werden wir den Wunsch verspüren, die neugefundene Erkenntnis in barmherzige Taten umzusetzen. Während wir Gott besser kennenlernen, will er, der uns alles gegeben hat, nun auch *durch uns* geben.

Bis hierhin haben wir uns mit der persönlichen Beziehung des einzelnen zu Gott befaßt. Aber jede vermehrte Gotteserkenntnis wird sich bald auch auf die christliche Gemeinschaft auswirken. Darum müssen wir darauf bedacht sein, unser zunehmendes Licht mit den anderen Bewohnern des Hauses Gottes zu teilen.

Dies können wir am besten tun, indem wir die Majestät Gottes völlig in den Brennpunkt aller unserer öffentlichen Zusammenkünfte stellen. Nicht nur unsere Gebete im stillen Kämmerlein sollten von Gott erfüllt und durchdrungen sein, sondern in unserem Zeugen, Singen, Predigen und Schreiben muß unser heiliger Herr der Mittelpunkt sein, und alles soll stets die Verherrlichung seiner großen Würde und Macht zum Ziele haben. Zur Rechten der himmlischen Majestät sitzt der verherrlichte Menschensohn und vertritt uns in aller Treue. Unser Platz ist in nächster Zeit noch unter den Menschen; laßt uns hier treue Repräsentanten Jesu sein!

Anmerkungen

1 Nicholas of Cusa (Nikolaus von Kues), The vision of God (De visione Dei/Über das Schauen Gottes), New York 1928, S. 60.
2 Ebd; S. 58 f.
3 Richard Rolle (Richardus Pampolitanus), The Amending of Life, London 1922, S. 83 f.
4 The Cloud of Unknowing, London 1946.
5 Michael (Miguel) de Molinos, The Spiritual Guide (Guía espiritual), London 1950 (6. Aufl.), S. 56.
6 Ebd., S. 56 f.
7 Julian of Norwich (Juliana von Norwich), Revelations of Divine Love, London 1920 (7. Aufl.), S. 14 f.
8 Thomas Traherne, Centuries of Meditations, London 1948, S. 6.
9 Symbolum Athanasii (Athanasianisches Glaubensbekenntnis), in: Die Bekenntnisschriften der evangelisch-lutherischen Kirche, Göttingen 1976 (7. Aufl.), S. 28 ff.
10 Thomas Carlyle, Heroes and Hero Worship (Über Helden, Heldenverehrung und das Heldentümliche in der Geschichte), Philadelphia, S. 14 f.
11 Michael de Molinos, a.a.O., S. 58.
12 Anselm von Canterbury, Proslogion, Stuttgart-Bad Cannstatt 1962, S. 83.
13 Novatian, On the Trinity (De trinitate), New York 1919, S. 25.
14 Michael de Molinos, a.a.O., S. 58.
15 Julian of Norwich, a.a.O., S. 27.
16 Nicholas of Cusa, a.a.O., S. 48 ff.
17 Anselm von Canterbury, a.a.O., S. 75.
18 Novatian, a.a.O., S. 26 f.
19 Anselm von Canterbury, a.a.O., S. 117.
20 Rudolf Otto, The Idea of the Holy, New York 1958, S. 24 (deutsch: Das Heilige, München 1971 [Sonderausgabe]).
21 Johann Peter Eckermann, Gespräche mit Goethe in den letzten Jahren seines Lebens, Hg. R. Otto, 1984 (2. Aufl.), S. 465.
22 A New Dictionary of Quotations, New York 1942, S. 462 f.
23 Nicholas of Cusa, a.a.O., S. 12.
24 Anselm von Canterbury, a.a.O., S. 97.
25 Julian of Norwich, a.a.O., S. 58.